Alle doof bis auf ICH!

Dietmar Wischmeyer
wurde 1957 in Oberholsten/Wiehengebirge geboren, durchlief dort die einklassigste Volksschule der Welt und lernte den Menschen als Humorträger kennen.
Der heitere Reigen durchaus ernsthafter Bildungsbemühungen mündete dann doch in einem Wahnsinn namens Frühstyxradio, dem legendären Radiokosmos skurrilen Witzes.
Seit 1988 entstanden dort die Figuren „Der Kleine Tierfreund“, „Frieda und Anneliese“, „Günther, der Treckerfahrer“ und die „Bekloppten und Bescheuerten“ (alle auch als Bücher bei Lappan). Auf über vierzig Tonträgern sind weitere Radiohelden für die Ewigkeit konserviert: „Mike“, „Willi Deutschmann“ oder „Die Arschkrampen“ (alle bei www.fsr.de). Dietmar Wischmeyer lebt im Landkreis Schaumburg und empfiehlt die Marken Hanomag, Kreidler und Ballistol (für Mensch und Maschine gleichermaßen wohltuend).

Fotonachweis:
Dietmar Wischmeyer privat:
41, 46/47, 55, 60, 74, 84, 88, 104/105, 117, 124/125, 131, 153
Frank Jarolewski: 26, 34, 96,
Harm Wörner: 17, 69,

Postfach 3407 · 26024 Oldenburg
www.lappan.de · E-Mail: info@lappan.de
Gesamtherstellung: Westermann Druck · Zwickau
Printed in Germany
ISBN 978-3-8303-3238-1

Dietmar Wischmeyer

Alle doof bis auf ICH!

Die bescheuerte Republik

Lappan

Inhalt

Alle sind kaputt	13
Easy-Mode	14
Nachhaltigkeit	16
Work and Life Balance	18
Flughäfen	20
Leben zwei Punkt null	21
Noch wohin	23
Geschmack nach nichts	25
Langeweile und Müßiggang	27
Tanken	29
Genug Freunde	30
Kreuzfahrten	32
Gedichte zum Geburtstag	35
Smoothie	36
Directors Cut und Bonustracks	38
Alle hassen Radfahrer	39
Kulis und Luftballons	42
Die Deutschen	44
Die Nackten und der Nacken	45
Gott	49
Moderner Schlaf	50
Boomtown Berlin	52
Kiefernmöbel	54
Mobbing, Harassment und Bashing	56
Raus aus den Schulden	58

Schöne DDR 59
Wir sind die Saurier von morgen 62
Trekkingklamotten 63
Alle kriegen ’ne Nummer 65
Boris Becker 66
Sommer in der Stadt 68
Vergrämung 70
Clowns 72
Frühstücken 75
Wegelagerer 76
Röhren-TV 78
Europa 79
Spamsociety 81
Eklige Musik 83
Kalkulierte Tabubrüche 85
Der Chinese 87
Streik 90
Fasten 91
Pilgern 94
Der Hesse 97
Piratentücher 98
Sondervergnügungszonen 100
Das Ende von normal 102
Land der Häme 103
Einlagern 107
Hitler-Puppe 108

Spenden	110
Dschungelcamp	111
Single-Börsen	113
Wolfgang Tiefensee	114
Weihnachten? Warum!	116
Landeswappen	118
Östliche Weisheiten	120
Biosprit	121
Twitter	123
Neue Menschenart entdeckt	126
Penisverlängerung	128
Mücken, Fliegen und Co.	129
CD-Ständer	132
Berliner Hundekacke	133
Mediterran	135
Der Staat	138
Haute Cuisine	140
Nintendo Wii	141
Teppichboden	143
Stylische Emotionen	144
Tierfreier Nichtraucherhaushalt	146
Fußgänger	148
Der Tod	149
Simplify your life	151
Neue Namen	154

Alle sind kaputt

Krankheit als Weg ins Glück

Des Menschen irdische Hülle ist fragil, der Tod stets nur einen fallenden Ziegelstein entfernt, und dennoch werden wir immer älter. Woran liegt es? Das Geheimnis eines langen Lebens ist ständiges Kranksein, denn nur der Sieche achtet auf seinen Körper. Dem Gesunden ist der alte Seelenbehälter völlig wumpe, er säuft, er raucht, schlägt sich die Nächte um die Ohren und frisst das Hundefutter vom amerikanischen Adipositas-Dienstleister. Damit der Nachwuchs früh begreift, dass Beschwerdefreiheit keine umsonste Gottesgabe ist, sondern mühevoll erkämpft und bezahlt werden muss, gibt es neuerdings keine gesunden Kinder mehr. Alle, aber wirklich alle Bälger haben einen Lattenschuss: ADS, Dyskalkulie, Legasthenie, Thurett-Syndrom, sie sind motorisch zurückgeblieben, können nicht auf einem Bein stehen, wackeln den ganzen Tag mit dem Kopf, schmeißen Mama vom Balkon und machen mit zwölf noch in die Büx. Zum Glück gibt es dagegen Logopäden, Motopäden, Popopäden, Psychoklempner, Soziopathen und für die ganz hoffnungslosen Fälle das künstliche Koma bis zum 18. Lebensjahr. Jeden Nachmittag fährt Mutti den beschädigten Hosenscheißer von einem Päden zum Nächsten, und so lernt Finn-Jason beizeiten, dass Kranksein der Normalzustand ist und auch irgendwie chic. Verantwortung für das eigene Leben gilt es nur insofern zu tragen, als dass man für jede Macke rechtzeitig den passenden Päden findet. Mit vorrückendem Alter kommen noch hinzu: die Chiro- und Heilpraktiker, die Physio- und Psychotherapeuten, die Akupunkteure, die Selbtshilfegesprächskreise und Betroffeneninitiativen. Wers mag, frisst vorbeugend tibetische

Ziegenscheiße, pichelt den eignen Mittelstralurin oder blickt der ausgebluteten Legehenne ins tote Arschloch rein, um mal zu schauen, wie's nächste Woche um ihn steht. So hat sich im Land der selbstverliebten Arschgeigen eine Kultur des gediegenen Beschädigtseins ausgebreitet. Die Usch leidet unter Selbtsmordattacken zwischen zwei Latte macchiatos, Thomas unter Agoraphobie in seiner 500 Quadratmeter-Wohnung. Wer zweimal die Woche nachmittags Zeit hat, leistet sich eine Depression. Wer zu faul ist zum Spazierengehen, lässt die Beine vom Krankengymnasten bewegen. Das alles von Kindesbeinen an gelernt kriegt man den Körper auch mit neunzig noch übern TÜV. Denn schon der ausgefranste Volksmund wusste: Wer lange krank ist, lebt länger.

Easy-Mode

Die Taste für die Doofen

Was haben ein Schweizer Messer, ein Backofen, ein Handy und der Ehepartner gemein? Mindestens auf die Hälfte ihrer Eigenschaften kann man getrost verzichten. Der Funktionsüberhang ist so alt wie die Welt. Wozu haben wir zwei Nieren, was will das Schwein noch mit dem Schwanz, und lebt der Regenwurm nicht halb so lang genauso schön? An allem, was da west auf Erden, hängt überflüssiges Gebamsel dran, man denke nur an den Rothirsch, wie er sich mit seinem sperrigen Gelumpe auf dem Kopf den Weg durchs Unterholz bahnen muss. Vorteil antiker Produkte wie Hirsch und Frau: Es gab seinerzeit noch keine Bedienungsanleitung als pdf-Dokument, probieren ging noch über studieren, und zweitausend Seiten Ballaballa-Prosa blieben auf ewig ungelesen. Da geht es den modernen Glitzerkisten aus Fernost allerdings nicht viel anders. Wer braucht schon einen Drucker mit integrierter Bildbearbeitung-Software, wer ein Auto, das den Alkoholpegel mit dem Zündschloss misst? Selbst im Handy möchte man nicht sein ganzes Leben eingebaut wissen. Knipsen, simsen, fernsehgucken mag noch gehen, aber mit der Faselfunke bezahlen war ein Flop. Statt den Konsumenten mit immer mehr integriertem Getändel zu beglücken, verwirren tausenderlei Funktionen und deren Ansteuerung den Benutzer unentwegt. Nun könnte man ja den ganzen Quatsch einfach weglassen und hätte dann Handys ohne Fußgänger-Navi, Toaster ohne DVD-Laufwerk und womöglich sogar Waschmaschinen, die auch Männer bedienen können. Das geht aber nicht, denn funktionsreduzierte Geräte riechen nach Seniorenzubehör und Tchibo-downgrading. Da dachten die Marketing-Strategen ein paar Sekunden nach und ersannen den „Easy-Mode", auf Deutsch „Blödmannstaste". Verstehst du nicht, was deine Casio-Exilim-Superslim von dir will, drückst du auf den Knopf für die Doofen, und schon konvertiert das Gerät in den Hauptschulmodus. Schade, dass es beim Menschen, besonders in seiner Gestalt des Geschlechtsgefährten, noch keine Easy-Mode-Taste gibt. Die Industrie ist längst schon weiter. Nach dem Blödmannsknopf, der am Gerät die Funktionen beschneidet, folgt in Kürze der Identify-Mode. Blickst du dann rätselnd auf den neuen Matsushita-Communications-Navigator, weil du nicht einmal ahnst, was dieser lebende USB-Stick mit Haaren am Arsch sein könnte, dann drückst du einfach den Identify-Mode, und der kleine Bursche sagt es dir: „Telefon" steht groß im Display und da drunter „Du Idiot".

Nachhaltigkeit

Wofür die Saurier auch schon mal waren

Machen wir uns nichts vor, die Erde ist ein Verbrauchsartikel. Aus ihrem Innern lutschen wir das Öl, bis sie wie ein schlapper Fußball im Orbit kreist, die Atemhülle furzen Rinder und Schafe kaputt, die Urwaldreste werden zu Scheißpapier, und ganz Afrika frisst der Chinese zum Frühstück. Dagegen malt der ökologische Einfaltspinsel das Bild von der Nachhaltigkeit. Biokraftstoffe z.B. erzeugen nur so viel CO_2, wie sie auch durch Wachstum einbinden – sicher, wenn man den Trecker abzieht, mit dem man auf'm Acker rumknetert. Bierhumpen und Pommesschälchen aus Maismehl sind vollständig abbaubar – bis auf den Lkw, das Schiff und das Flugzeug, die sie aus Amerika ranschaffen, die sind weniger abbaubar. So ganz will es auch noch nicht in den Horizont der ökologischen Moraltheologie passen, dass aus Nahrungsmitteln Wegwerfbecher und Dieselkraftstoff hergestellt werden. Für den Tages-Appetit eines Twingos könnte man lässig Maisschrippen für ein ganzes indisches Dorf backen. Da wird es einem schon ein bisschen blümerant auf der Sitzheizung bei dem Gedanken, dass für deren zusätzlichen Spritverbrauch ein afrikanisches Waisenkind hochgepäppelt werden könnte. Mittlerweile giert der Öko-Schlund auch schon im heimischen Supermarktregal nach Biomasse. Doch wenn auch der Jetta und die Heizung Weizen saufen, steigt der Preis für Vattis Frühstückskorn. Alles nicht so einfach mit der Nachhaltigkeit, des einen Fraß ist des anderen leerer Futternapf. Selbst der Strom aus Wind und Sonne fährt uns ja nicht heidewitzka in den Flachbildfernseher, sondern muss durch Windräder und Solarkollektoren erst erzeugt werden. Die aber kann man nicht

Bundessieger „Dämlichstes Schild 2009“.
Aus der Jury-Begründung: „Die, die es angeht, können es nicht lesen, und die, die es lesen können, gehts nichts an“.

mal eben aus Maismehl kneten, sondern zu deren Herstellung braucht man Rohstoffe, die ihrerseits zur Neige gehen. Gibt es eigentlich irgendetwas, das im Überfluss vorhanden ist und sich immer wieder regeneriert? Die Doofheit der Menschen, ja, wenn man die anzapfen könnte, ein Gefällekraftwerk etwa zwischen Wunschdenken und Realität einzurichten, dann würde die Steckdose niemals kalt. Am besten wäre es noch, wir würden uns zwecks Energiegewinnung gegenseitig auffressen. Da trifft es sich, dass der Pionier dieser Technologie, Armin Meiwes, auch bekannt als der Kannibale von Rotenburg, im Knast den GRÜNEN beigetreten ist.

Work-and-Life-Balance

Mein Leben als Joghurt

Schon wieder gibt es eine neue Direktive, wie man sein Leben zu leben hat. Nicht mehr Erfolg und Abenteuer, Reichtum und brammige Weiber sind das Ziel, sondern eine „Work-and-Life-Balance". Ach du grüne Neune! Die Balance kannten wir ja schon vom Joghurt her. Sie war dort verantwortlich für den faden Geschmack. Nun gilt es also, das ganze Dasein in eine linksdrehende Fettsäure zu verwandeln, oder was? Gemach! Die Life-Balance betrifft eher den Silver-Ager, weil bei dem ja mit work eh schon Sense ist. Es geht um richtig fressen, im Wald rumlatschen und mit achtzig noch mal 'n Studium anfangen. So soll kurz vorm Abpfiff dem Leben noch das Attribut „gelungen" abgetrotzt werden. *Work-and-Life-Balance* spricht die mittlere Generation an und möchte für ein ausgewogenes Leben vor der Rente werben. Also hälftig malochen und die andern 50 % werden mit Saufen und Ficken verbracht – das klingt wie ein fairer Deal. Doch das ist gar nicht gemeint. Bei „Work“ geht man in der Sache noch konform, unter „Life“ verstehen die Balancepropheten allerdings Leben in der Familie, zum Beispiel Kindererziehung oder die Pflege von Angehörigen. Sorry, wie meinen? Sich das halbe Dasein im Büro krummmachen, bloß um die andere Hälfte zu Hause mit Spucke-Opa und den Ferkeln zu verplempern? Nä, danke, da pfeif ich lieber auf die „Balance“, jedenfalls eine, bei der nur das Pflichtenheft wechselt.

Viel erstrebenswerter scheint es mir da schon, ein ausgeglichenes Verhältnis zwischen sozialem Wesen und individueller Anarchie herzustellen. Denn ob ich nun zum Elternabend schreite oder mit den doofen Kollegen beim Chef parliere – vergeudete Zeit ist beides. Um das wieder auszu„balancen“, braucht es Beschäftigungen ganz anderen Kalibers. Mal drei Tage stiften gehen und nicht sagen, wo man war, oder dem Chef ’ne tote Katze vors Auto legen und allen erzählen, das Schwein hätte die arme Pussy massakriert, das sind doch die kleinen Dinge, die des Daseins öde Zweckmäßigkeit ausbalancieren. Doch niemand käme wohl auf den Gedanken, das Leben eines solchen Hallodris als gelungen zu bezeichnen, außer dieser selbst. Darum lasst die andern ruhig ihre Work-and-Life-Balance finden, vor lauter Ausgewogenheit bei lebendigem Leib verschimmeln und ganz viele wertvolle Stunden im Kreise bezaubernder Erlebnisse zubringen. Manchmal reicht es doch auch, zehn Stunden DVDs zu glotzen und ’ne halbe Pizza wieder hochzuwürgen, ist auch ein schöner Ausgleich zu allem so insgesamt.

DIE WESER

„Wo Werra und Fulda zusammenfließen, sie ihren Namen büßen müssen.“ Da haben wir noch mal Glück gehabt, heute hieße die Weser wohl Frau Fulda-Werra und bestände auf gleicher Länge mit dem Rhein.

Flughäfen

Charon verteilt Boardingpässe

Die ökologische Zukunftsversion des Bürgers als Fußgänger ist ausgerechnet dort am ehesten realisiert, wo die alte Tante Umwelt am meisten zugeschissen wird: im Flugverkehr. In den Haltestellen der Airlines latscht man rum, bis die Schrittfeuchte köchelt. Normalerweise zwei Stunden vor geplantem „Takeoff" der Büchse wird das Erscheinen der Sardinen befohlen, nur damit das trantütige Bodenpersonal nicht aus seiner Starre erwacht. In Flughafengebäuden waten Untote durch den knietiefen Schlamm der Zeit. Die Szenerie wird mit wattierter Fahrstuhlmusik zugelüllert, bis auch der letzte normale Flugkunde die Hoffnung auf ein Leben vor dem Tod begraben hat. Selbst die Sekundenzeiger der Armbanduhren scheinen rückwärts zu laufen, zum ersten Mal denkt man, dass da doch was dran sein muss an der Relativitätstheorie. Womit könnte man diese sinnlos zugebrachte Zeit im Paralleluniversum noch anfüllen: den Cappuccino für 5 Euro 80 hat man schon hinter sich, das Spezialgeschäft für hässliche Schlipse schon passiert, kann man sich genauso gut hinter den letzten Arsch der Schlange klemmen. Dort stehen sie schon seit einer Stunde und rücken alle paar Minuten ihre Rollenkoffer zehn Zentimeter nach vorne. Bei jedem anderen Transportdienstleister, sei es Bus oder Bahn, hätte diese Zumutung schon zu cholerischen Messerattacken geführt. Nicht so bei den Herren der Lüfte, über Jahrzehnte haben sie ihre despektierlich „Paxe" getaufte Kundschaft zu willenlosen Laborratten erzogen. Immer nur doof rumstehen, doof rumsitzen, nie etwas selbst entscheiden, immer warten, bis man aufgerufen wird. Plötzlich eine Durchsage, dass Viehschleuse Nummer 5 von der abgängigen Biomasse gerade geräumt wurde und nun das Pack vom nächsten Flug in den Kral einrücken kann. Die Wiederholung des Lautsprecherbefehls in fremden Zungen ist auch kein Service für ausländische Gäste, sondern ausschließlich für deutsche Teilnehmer bestimmt. „Hört mal her", sagt die fremde Stimme, „ihr verlasst jetzt den Geltungsbereich des Grundgesetzes, dort draußen ist die Welt der Migranten und Spaguffen, also benehmt euch, damit wir euch blöden Schweine nicht freikaufen müssen". Demütigung zweiter Teil ist die Leibesvisitation durch die Lemuren mit dem Piepmatz in der Hand. Alle Metallteile, sogar der Hosengürtel, müssen entfernt werden und noch mal durch die Detektorschleuse, piiiiep, hoppala, was haben wird denn da: Ach so, das Klappmesser im Enddarm, ganz vergessen. Na ja, nächstes Mal aber vorher dran denken.

Leben zwei Punkt null

Kampfrentner gehen noch mal über Los

Vor circa tausend Jahren – oder war es erst gestern, als die Welt noch nicht total behämmert war, glaubte man, dass in den letzten Sekunden das ganze Leben noch einmal als Film abliefe. Klein Doofi sitzt auf dem Töpfchen, trägt die Schultüte, eine Zehntelsekunde später schon wird der fette Rochen zum Altar geführt, kurz darauf umschwirrt eine Welpenschar zwei feiste Alttiere, kaum aufgetaucht, da ist aus den beiden ein Greisenpaar geworden, das an Stöckern durchs Gebüsch wackelt. Nach einer Sekunde: Klappe zu. Affe tot, das war ihr Leben. Heute dauert die Rückschau auf das eigene Dasein nicht eine Sekunde, sondern ein ganzes Rentenalter. Mit spätestens sechzig quittiert der rüstige Knabe den aktiven Dienst und zieht den ganzen Mumpitz zum zweiten Male durch: der durchgerittene Eherochen wird entsorgt und mit 50 Kilo Frischfleisch sogar noch die genetische Spätlese angesetzt. Wen es allzu früh in den Leistungszwang des Berufs getrieben, der legt noch ein Seniorenstudium nach, vorzugsweise in Fächern, in denen man andern den Platz wegnimmt und das eigene Heldenleben noch mal Revue passieren lassen kann, Geschichte zum Beispiel. Da schneit der nichtsahnende Studierende Anfang zwanzig ins Hauptseminar „Friedrich der Große und der Zweite Schlesische Krieg“, um – sagen wir wie's ist –, um was Nettes zum Gefechtskuscheln am Wochenende aufzureißen. Ja, und was muss der junge Studiosus dort sehen? Statt zarter Jungfernblüte eine Horde wiederkäuender Mümmelfelgen, die behaupten, dabei gewesen zu sein, im Geiste mitmarschiert sozusagen damals gegen Österreich 1744, Kamerad, Kamerad, mein Holzbein brennt. Durch das Seniorenstudium werden Generationen junger Menschen ihrer Identität beraubt, denn nirgends ist man mehr sicher vor den Lebenzwei-Punkt-null-Darstellern. Den ganzen 68er-Zirkus hätte es nicht gegeben, wenn schon damals hunderttausend Runzelpriester in die Kommunen und Seminare eingerückt wären. Schon bald ist gar keine Generation mehr vor Rentnerüberfällen gefeit. Mit dem Seniorenstudium fing es an, nun turnen die alten Knochen auch schon auf den Kinderspielplätzen herum. Opa fegt die Rutsche runter, mit Inlineskatern hinterm Rollator, und Oma raucht heimlich hinterm Klettergerüst. Bisher noch rentnerfrei ist nur die pubertierende Jugend: Komasaufen, Flatratepartys, da macht die Pumpe nicht mehr mit.

Noch wohin

Deutsch sein heißt, niemals aufgeben

Jeder, der schon mal einen Sauf- und Fressabend unter Freunden verbracht hat, also alle, kennt den Killerspruch gegen Schluss. „Komm, wir gehen noch irgendwohin." Warum bloß? Bisher war der Abend eine gelungene Mischung aus gesammelten Heldengeschichten vergangener Tage, dreckigen Witzen und zu viel Alkohol – vielleicht mit 8 1/2 Stunden etwas lang, aber was solls, so jung kommen wir ja nicht mehr … usw. Warum man jetzt nicht einfach nach Hause gehen kann, ist eines der Rätsel teutonischer Geselligkeit. Berüchtigt ist in dem Zusammenhang auch der „Absacker". Damit verpasst der Germane seinem waidwund gesoffenen Hirn den Gnadenschuss, Kollateralschäden im Magen-Darm-Bereich werden billigend in Kauf genommen. Der Absacker wird in der Regel im „Noch wohin" eingenommen, einer schmierigen Taxifahrerspelunke, einem griechischen 24-Stunden-Imbiss oder was auch immer morgens um fünf noch Gäste reinlässt. Mit etwas Glück wird so aus einem netten, geselligen Abend doch noch ein Horrortrip und zwei Millionen Synapsen kneifen für immer die Arschbacken zu.

Was soll das alles, eine Kneipe ist schließlich nicht der Kessel von Stalingrad – man darf tatsächlich schon gehen, bevor man tot ist. Das ficht den Deutschen doch nicht an, Schluss ist erst, wenn alle die Schnauze voll haben. Dieses Verhalten ist seinem latenten Todestrieb geschuldet, vielleicht auch dem christlichen Wahn der Selbstkasteiung. Einen ganzen Abend sich einfach nur amüsieren, holla, das geht aber nicht. Da muss doch noch ein Sahnehäubchen Scheiße draufgesattelt werden: „Hallo, Frollein, für alle noch 'ne Runde von dem Grünen."

Erst der kollektive Aufschrei „NEEIN!, für Minich“ macht die ganze Sache wirklich rund. Helden werden schließlich nicht im Spaß geboren, sondern in Schnapsgewittern gestählt. So findet eine Runde nach der anderen ihre Abnehmer, schließlich bleibt die Flasche gleich auf dem Tisch, und wenn bei allen der Speichel an der Austrittsöffnung im Kopf schon Blasen wirft, dann wird es Zeit für den Fangschuss: „Komm, wir gehen noch wohin.“ Ist selbst dann noch immer etwas Restwürze im Abend, kann man, wenn vorhanden, die Minibar leer saufen oder ’ne Pulle Schädelsprenger mit auf die Stube schleppen. Jetzt in voller Montur vorm Arschadapter einpennen, im Schlaf leicht auf der Lokusumrandung ausflocken und morgens das andere zugekotzte Wesen in der Wohnung fragen, wie es mit Vornamen heißt. Das sind die Abende, die zu Geschichten werden, die man dann an den anderen Abenden brüllend erzählt, die wiederum danach zu neuen Geschichten werden. So bleibt alles im Fluss und danach gehen wir noch wohin.

DIE LUFT

„All I need is the air that I breathe“, sang einst die Beatgruppe The Hollies. Wir möchten ihnen eigentlich darin zustimmen, doch können wir vergessen, wer da alles reingemacht hat in diese Air, die wir breathen, wie viel abertausend Darmwinde sich verstecken in dem, was wir täglich einatmen. Darüber sollten wir mal einen Moment lang die Luft anhalten.

Geschmack nach nichts

Am Anfang war die Tomate

Mit den Tomaten fing alles an vor Jahren schon. Die schmeckten nicht mehr nach Tomate aber immerhin nach nichts. Heute schmeckt alles nach allem Möglichen, nur nicht nach sich selbst. Schokolade ist zur reinen Trägerpampe für durchgeknallte Chemielaboranten verkommen. Dachte man bisher, in der Ritter-Sport-Forschung sei jede Perversion bereits durchlebt worden, geht bei Lindt-Sprüngli der Luzifer erst richtig ab: Hot-Grenadine, Edelbitter-Mousse-Orange, Limette-Grüner-Pfeffer, Zitrone-Basilikum, da ahnt man zumindest noch, was gemeint ist, auch wenn man prophylaktisch schon mal die Kotzreiztaste drückt im Schlund. Aber wonach schmeckt Excellence-Meersalz? Nach der Wasserleiche eines päpstlichen Nuntius? Und womit will man uns bei Creola-EK-Chuah vergiften? Ich habe es probiert, es sind rasiermesserscharfe Kakaobohnen-Schrapnells, die der Conche, wie wir Chocolatiers sagen, beigemischt werden, um blutende Wunden in den Backentaschen der EK-Chuah-Opfer zu erzeugen. Bis gestern hielt ich die Schweizer für ein zwar verschrobenes, aber dennoch ernst zu nehmendes Völkchen unschuldiger Murmeltierwämser, nun aber setze ich sie auf eine Stufe mit dem Langzähnigen von den Britischen Inseln. Dort wird schon seit Christi Samenerguss oder sogar noch davor, jedes Lebensmittel in einen Geschmackszombi verwandelt, legendär sind die geflavourten Crisps, die nach gesalzenem Fußbodenaufwischwasser riechen, auch so schmecken und auf den Namen Salt and Vinegar hören. Auch in Sachen Biervergiften ist die Insel der Verdammten Vorreiter gewesen, mittlerweile stehen die Doofköppe bei uns ihnen aber in nichts

Dritter Sieger „Beklopptester Frisör-Name des Jahres", nach „CréHAARtiv" in Wittlage auf Platz zwei und „Ostfriesör" in Großemodderfehn auf dem ersten Platz.

nach. Becks Chilled-Orange sage ich nur und wende mich dem Kaffee zu. Dort liefert uns Marktführer Starbucks täglich Argumente, um Amerika den Krieg zu erklären. Mithilfe einer Batterie Giftampullen wird aus dem an sich schon mäßigen Heißgetränk ein furzbrauner Schirlingsbecher namens Saltet-Caramel-Hot-Chocolate oder so ähnlich. Gelernt hat es der US-Kaffeevergifter vom Eismann aus dem eignen Land. Dort gibt es Fünf-Liter-Eimer halb gefrorener Euterschlempe so fett wie bei uns die Butter mit der Doppelrahmstufe, in Geschmacksrichtungen namens „Bär umme Eier" oder „Omma von hinten", nur um die zu nennen, die auch der Mitteleuropäer noch versteht. Wo soll das noch hinführen? Sogar Hundescheiße riecht nach Bratwurst, weil Bello zuvor Pansen-King-Prawns mir Barbecue-Flavour getafelt hat. Da kann man nur sagen: Esst mehr Scheiße, hunderttausend Fliegen können nicht irren.

Langeweile und Müßiggang

Ist das Leben noch so kurz: Du verpasst nichts!

Eins, zwei, drei im Sauseschritt läuft die Zeit, wir laufen mit. Auf der Strecke blieb die Langeweile Punkt eins. Also nicht das, was man heute dafür hält, nämlich eine Entscheidungsparalyse angesichts überbordender Bespaßung. Die gute alte Langeweile feierte einst ihr Hochamt im öden Sonntag. Dieser war verkaufsbefreit, mit stinkenstlangweiligem TV-Programm spärlich befeuert und laut Staatsbefehl der Kirche und der Familie vorbehalten, zwei Institutionen, denen die Lebensfreude nicht gerade ins Lastenheft diktiert wurde. Kein Internet, keine

DVD-, MP3- oder sonstige Elektrokiste half über die nicht enden wollenden Nachmittage hinweg. Im besten Falle verpuppte sich die hässliche Raupe Langeweile dann in den heiteren Schmetterling Müßiggang. Stundenlanges Leben im Standby ohne die gewohnte Betriebsamkeit des Alltags half dem Menschen seine innere Ruhe zu bewahren. Wer die Zeit auch mal als ereignislose Wüste durchmessen hat, für den strahlten die kleinen Höhepunkte des Alltags umso heller.
Heute müsste man schon in eine Autobahnkirche ausweichen, um mal nicht bespaßt, informiert oder ermahnt zu werden. Die Welt klopft nicht mehr an, sondern fällt überall mit der Tür ins Haus. Weil selbst der moderne Mensch diese Anbrüllerei durch den Planeten nicht pausenlos ertragen kann, sinnt er auf Abhilfe und zwängt den Müßiggang in seinen Terminkalender rein. Was wie ein Widerspruch klingt, ist dennoch besser als nichts: sinnfreies Vor-sich-hin-Gelebe als Insel im Meer des Wahnsinns.
Klassiker der Langeweile Punkt zwei ist für die höheren Schichten jede Form von Psychotherapie. Je abstruser ihr Ansatz, je bekloppter die Begriffshuberei desto besser, weil ganz weit weg von der Sinntyrannei des Alltags. Die bildungsfernen Schichten sind leider zu schlau, um das Gefasel nicht sofort zu durchschauen. Sie haben das Fernsehgerät als sprudelnde Quelle der Belanglosigkeit für sich wiederentdeckt, vor dem man so herrlich in den Zustand der Blödigkeit abtauchen kann. Einziger Nachteil ist, man findet nicht wieder zurück. Aber lässt es sich nicht viel besser mit der eigenen Endlichkeit umgehen, wenn man weiß, Tod ist, wenn man die Glotze nicht mehr sieht? Darin liegt auf jeden Fall mehr Trost als in allen Wiederauferstehungsfantasien der Religionen.

Tanken

Wenn die Arschgeige auf sich selber fiedelt

Tanken! Welch schöne simple Tätigkeit vergangener Tage. Man durfte am Steuer sitzen bleiben, ein Uniformierter berüsselte den Pkw und während der Ottokraftstoff langsam den Tank befüllte, wienerte das Aralmännchen die Scheiben wieder klar. Zum Abschluss wurde ein Schein durch das Seitenfenster gereicht, Wechselgeld großmütig abgewiesen, und mit einem „Gute Fahrt“ ging es zurück auf die Autobahn. Das gleiche Vorhaben vierzig Jahre später: Zwanzig Zapfsäulen in Reih und Glied, darüber schwebt ein Baldachin aus Beton, wir befinden uns im Tempelbezirk fossiler Energieträger. Das sich dort herumtreibende Pack hätte der zwölfjährige Jesus allerdings auch heutzutage rausgeschmissen. Während nämlich Vatti den Golf Variant bedieselt, bleibt das mitgeführte Geschmeiß nicht etwa im Wagen sitzen, sondern krabbelt an die Luft. Üblicherweise trägt man heute bei längeren Pkw-Reisen eine Kleidage, die unsere Eltern nicht mal nach dem samstäglichen Baden angezogen hätten, gerne beispielsweise rosa-hellblaues Frotteegeschwabbel an Adilette im eigenen Saft. Mutti, die Fettgören und der Mischling wackeln allesamt in den Bistroshop, der früher Kassenhäuschen hieß. Dort kann man sogenannten Reisebedarf nachfassen, Modellautos, Kleinmöbel oder Truckerwesten. Erst mal eine Viertelstunde gucken, was es alles so gibt. Noch kurz die Fickelmagazine quergelesen, bevor es an den Bistro-Counter geht. Mutti nimmt 'ne Knackwurst mit Mostrich drauf, die Altföten wollen einen Fettkringel, nur der Köter guckt in die Röhre. Mittlerweile hat sich auch Vatti zum Counter vorgekämpft und möchte eigentlich nur den Obolus für die Kraftstoffentnahme an Säule zwölf entrichten. Doch in der Schlange vor ihm will der eine noch drei Dosen Red Bull, ein anderer möchte Lotto spielen, kurz, es dauert eine Ewigkeit, bis Vatti in das grinsende Gesicht des ostasiatischen Mitarbeiters blicken darf. Nachdem die Sache mit der Payback-Card und den Pupsipunkten zur allgemeinen Zufriedenheit geklärt ist, will Vatti eigentlich zum Pkw zurück. Doch, o Schreck, weil es so lange gedauert hat, war das fortgeschrittene Embryonalgewebe zwischendurch auf dem Sani-fair-Scheißhaus und apportiert stolz zwei 50-Cent-Gutscheine zu den Alttieren. Ja, Mist, müssen wir die auch noch verfressen, eh sie im MessieMittelklasse-Kombi auf ewig verlustig gehen. Vatti neigt zum zeitigen Pils, wird jedoch von Muttis energischem Wunsch nach der Knackwurst reloaded in die Schranken gewiesen. Nachdem alles endlich verputzt ist, watschelt die Reisegruppe zurück zum Pkw. Der wartet treu und brav seit 35 Minuten an Säule zwölf. Und hinter ihm fuffzehn Tankwillige, die für weniger als den Gegenwert eines Sani-fair-Gutscheins jeden der Frotteefamilie ohne zu zögern abgeknallt hätten. Früher war Tanken irgendwie entspannter.

Genug Freunde

Einsamkeit, wo ist dein Stachel!

Überall soll man noch mehr Leute kennenlernen. Dafür gibt es „Neu.de“, „FötusVZ“ und „MySpace“. Selbst die Krabbelgruppe im Pflegeheim dient noch zu was wohl – Hilfe wann ist endlich Schluss –, ja, dazu, neue Leute kennenzulernen. Warum? Seit den Kindheitstagen schleppt man aus jeder Periode seines irdischen Verweilens einen Bodensatz an sozialer Restwürze mit sich herum. Da ist die Jutta aus der 9b, damals vielversprechend, heute wortbrüchig, der Willi von gegenüber, die alten WG-Schranzen, die Saufkumpane aus dem Theologiestudium, Müllers vom Urlaub auf Fuerte, und mit dem Pickligen aus der Buchhaltung traut man sich auch nicht zu brechen, weil er diese Pickel hat und sonst niemanden. Alles Zeugen gelebter Jahre, toter Zeit, gefangen in „Weißt-du-noch"-Gesprächen von Anno Toback. Da täte etwas frischer Wind dem Freundeskreis ganz gut, doch will man das ganze Wochenende über telefonieren, nächtelang E-Mails beantworten oder, o Graus, zu Geburtstagen eingeladen werden? Nein! Zu viel Freunde sind des Menschen Tod. Doch wie sagt mans den potenziellen Neuzugängen am Ende schöner Urlaubstage. Beim Abschied flötet Uschi: „Lass uns doch die E-Mail-Adressen austauschen und in Verbindung bleiben." Handelt es sich bei Uschi um einen besteigbaren Auslösereiz mag das für männliche Adressaten ja noch angehen. Ist Uschi hingegen ein ganz normaler Endverbraucher, sagt man sich zu Recht, dass man schon genug von so Scheißelaberern im Adressbuch hat. Andererseits könnte man auch erfreut antworten: „Na klar, Usch, du stehst ganz oben auf der Warteliste. Sobald ein alter Kumpel abgenippelt ist, rückst du nach. Ich meld mich." Dreister, dafür aber fixer geht es wie folgt: „Super Uschilein, dich möchte ich zu meinen Freunden zählen, dafür schmeiß ich den Detlev weg, denn der ist arbeitslos und leiht sich dauernd Geld." Stattdessen wird brav und heuchlerisch die E-Mail-Adresse notiert, und schon im Flieger ist der Zettel wer weiß wohin. Eine Balance zwischen Neuzugängen und gepflegter Altfreundschaft zu finden, fällt fast jedem schwer. Alte Freunde konnte man immerhin noch aus den Augen verlieren,

Neue schreiben dauernd E-Mails. Drum hüte dich vorm Sozia-infarkt im Internet, denn der Plankton schreibt zurück und will mit dir simsen, sprechen, Cappuccino trinken. Du aber kennst schon ein Dutzend netter Leute, und mehr passen zwar in dein Blackberry, aber nicht in dein Herz.

Kreuzfahrten

Offshore-Knäste mit Shopping-Mall

Wer eine Kreuzfahrt tut, hat auch eins zu tragen. Zwar nicht nach Golgatha, dafür aber mindestens vierzehn Tage lang. Von den Nazis einst ersonnen, um dem braven Parteimitglied neue Kraft durch Freude zu schenken, schipperten schon in den 30er-Jahren die „Goya“ und die „Wilhelm Gustloff“ über die Ostsee. Heute kreuzen riesige schwimmfähige Plattenbauten durch die Ozeane, genau so ohne Ziel und Verstand. Ist man erst einmal gefangen in der Bespaßungshölle, gibt es kein Entrinnen. Anders als im Clubhotel lauert außerhalb der Umzäunung nicht bloß der lästige Teppich-Spaguffe, sondern der weiße Hai. Da bleibt man besser an Bord und „genießt“ das Soft-Adventure auf dem Albtraumschiff. Hier kann man nämlich alles tun, was man sowieso gerne tut im Urlaub: viel fressen, Mittags schon Alk ansaugen, Handtaschen kaufen, vorm Daddelautomaten rumstehen und abends noch mal viel fressen. Ein kulturelles Highlight ist der tägliche Preisvergleich angebotenen Zollfrei-Scheißdrecks mit dem nämlichen Gerümpel zu Haus. Offshore sitzt die Marie gleich viel lockerer, und man weiß eh nicht, was man sonst auf dem Seeleneinkäufer tun sollte. Damit niemand auf die Idee kommt, auch mal einen Tag konsumresistent in der Kabine zu vertrödeln, gibt es jene kleinen Wunderwerke an Klaustrophobie-Auslösereizen wie Deckenhöhe gefühlter Dackelwiderrist, Fenster – wenn überhaupt vorhanden – wären mit einer Käfer-Radkappe komplett abgedunkelt. Das traurige Verlies ist aufgehübscht durch allerlei goldbedampftes Spiegelgedöns, damit die fette Kreuzfahrt-Amöbe nicht sofort den Beschiss durchschaut. Eigentlich würd es der Buffet-Qualle an Bord völlig an maritimer Erlebnisdichte reichen, wenn die Bettenburg zehn Meilen vor der Küste auf Reede läge und man jeden zweiten Tag einen Plastikdelfin längsseits zöge. Für die Abenteurer unter den Gästen, jene mit noch eigenen Hüftgelenken, wirft der Jokus-Liner längs fremder Länder Küste zuweilen seine Leinen aus. An recht ursprünglich gebliebenen Kreuzfahrtterminals können die Quallen von Bord wabbeln und Handtaschen von Negern kaufen, auch dort, wo es gar nicht so viele von denen gibt – Neger meine ich. Denn er will ja auch noch geknipst werden, der verwegene Handtaschenkauf am Rande des Dschungels, und da sieht ein Schwatter natürlich gefährlicher aus als 'ne Kalkleiste. Das ist das Schöne an einer Kreuzfahrt: Man lernt so viele Länder kennen, ohne sie zu betreten. Einziger Wermutstropfen ist, dass man das eigene Scheißhaus nicht dabeihat. Aber dem wäre ja abzuhelfen. Die perfekte Kreuzfahrt der Zukunft ist eine Fähre voller Wohnmobile.

DAS FEUER
Das Feuer, liebe Freunde, erkennt man daran, dass es brennt. Doch man sagt auch: das Feuer ist aus, aber ist es dann überhaupt ein Feuer, wenn es nicht brennt? Und ist eine Frau eine Frau, wenn sie keiner dazu gemacht hat? Frauen und Feuer, zwei Dinge, die wir nicht verstehen.

Seitdem es die „Lie and Rail"-Abteilung bei der Bahn gibt, werden die Ankündigungen immer kreativer. Dieses Bild wurde übrigens 14:17 Uhr aufgenommen.

Gedichte zum Geburtstag

Mene mene tekel upharsin

Spätestens dann, wenn ein runder Geburtstag naht, wünscht man sich, den Rest seiner Tage als asozialer Stinker zu verbringen, ohne Freunde, ohne Verwandte, ohne irgendeinen Menschen in der Nähe. Ist nämlich wieder mal ein Dezennium vollgelebt, wird aus dem Bekanntenkreis ein Volk von Dichtern. „Kaum zu glauben, aber wahr, Uschi wird heute 40 Jahr." Schade, dass die sich geradezu aufdrängenden Reim-Chancen auf Uschi vertan wurden. Das Geburtstagsgedicht braucht den Vortrag, eigentlich abgedruckt würde es nicht halb so peinlich daherkommen. Wenn das Dreigangfressen vertilgt ist, kommt der launige Teil der Feier. Verschmitzte Weggefährten aus des Lebenslaufes dunkelster Jahre – Pubertät, Schule, erste sexuelle Gehversuche – treten nach vorn und deklamieren den hinkenden Jambus: „Als Karl-Heinz schon sechzehn war, wuchs ihm am Sack noch kein Haar." Da ist man nun mit Ach und Krach vierzig geworden und muss sich alte Unzulänglichkeiten aus der Testosteronversorgung vorhalten lassen. Geradezu bösartig wird von den sogenannten Freunden reimend in alter Unterwäsche rumgestochert, pikante Vorfälle aus dem Reich des frühen erotischen Scheiterns werden genüsslich zitiert, und zu all dem muss der Jubilar gute Miene machen. Das wäre nun nicht weiter schlimm, wenn zumindest die anderen hundertfünfzig Gäste an der Folterszene ihren Spaß hätten. Dem ist aber leider gar nicht so, denn es paaren sich beim Geburtstagsgedicht aufs vortrefflichste der langweilige Lebenslauf des Delinquenten mit dem lyrischen Unvermögen seiner Kumpel: „Karl-Heinz bekam von Jutta den ersten nassen Kuß nach seinem Mittelschulabschluss."

Ist ja irre, da wurde zwar spät, aber sicher, umso vehementer, ein sexueller Staudamm eingerissen, und hernach ging es wie der geile Pavian nicht nur über Jutta rübber, sondern auch über Legionen ihrer Geschlechtsgenossinnen. Weit gefehlt, der Freizeitpoeten spitze Feder gibt im nächsten Vers Aufschluss über des Karl-Heinzens weiteren erotischen Werdegang: „Mit neunzehn endlich dann, wurden Karl-Heinz und Jutta Frau und Mann." Äh? War nicht Jutta kurz zuvor noch die Frau gewesen, aber das nur nebenbei. Man möchte den folgenden 21 Jahren im Leben des Karl-Heinz nicht wirklich teilhaftig werden, aber glucksend türmen die poetischen Kumpel eine holprige Stanze auf die andere, und nach einer halben Stunde Versgewitter überdenken die meisten anwesenden Gäste ihre Einstellung zur Todesstrafe noch mal. Dem reimenden Harndrang seiner Freunde entgeht nur, wer schon bei der Einladung unmissverständlich klarmacht, was mit dem Laureatus inkontinentius geschieht: „Wer bei mir ein Gedicht aufsacht, wird sofort umgebracht!" Man muss es dann nur auch tun.

Smoothie

Kindergrapefruit mit Bananenkotze

Das Leben wird immer schwabbeliger. Seitdem der Händedruck vom schmusigen Rumgebussel abgelöst wurde, verschwindet nach und nach alles Kräftige aus unserem Alltag. Eine Erscheinung dieses Trends ist der Smoothie. Der was? SMOOTHIE. Kinderkotze auf Nuckelflasche gezogen. Statt ganzer Banane oder bissfestem Apfel kann man beides zu Brei zermanscht aus der Ampulle saugen. Damit sich die Früchte nicht so allein fühlen, werden ihnen noch ein paar Stabilisatoren beigestellt und für unverschämte zwei Euro steht die Chemo-Pampe dann im Regal. Wer kauft denn so was, sind denn alle blöd? Das sowieso, aber auch faul. Ehe eine Apfelsine abgepellt ist, ein Apfel geschält und man überhaupt rausgekriegt hat, wie eine Guave aussieht, hat man den Smoothie schon weggeschlabbert. Wasser wird auch nicht mehr aus Gläsern getrunken, sondern aus blauen Plastezitzen genuckelt, Salat in Pappe eingewickelt heißt dann Wrap und schmeckt auch so, das halbe Hähnchen ist auch längst zerschreddert und nennt sich fortan Chicken. Chicken-Wrap gibt es auch, das sind Vogelfleischfetzen auf Rasenschnitt im Kartonmantel. Damit das saubere Hemd nicht ungeschoren davonkommt, spritzt beim ersten Biss die Barbecuesoße aus ihrem Versteck im Chicken-Wrap heraus. Schöne Sauerei, deshalb ruft der City-Living-Mensch wohl bald nach dem Chicken-Wrap-Smoothie, Eltern von Kleinkindern schon bekannt als Alete mit Huhn, Hundebesitzern längst vertraut als RinTinTin plus Pansen. Der Smoothie war längst überfällig in unserer Nuckelwelt und bereichert die schmerzlich empfundene Übergangsphase zwischen Säuglings- und Greisenalter, früher Erwachsenendasein genannt. Dauergepampert durch die Jahrzehnte schlabbern und nuckeln, bis in der Pflegeresidenz ein Plätzchen frei wird, so ist es doch am schönsten. Da passt ein ganzer Apfel, eine ungeschälte Orange nicht ins Bild. „Iiiehh, Mama, bah, die sehen ja genauso aus wie auf 'm Baum, uharrr, leben die etwa noch?" Recht hat er, der kleine Jason-Jennifer, ganze Schweine liegen ja auch nicht im Regal herum, warum dann der ganze Apfel. Und zufrieden, dass es ihn gibt, packt Mutti für sich und den Kleinen zwei Smoothies in den Einkaufswagen: Apfel, Cranberry, Kumquads-Gemansche mit E604 bis E606 auch mit drin.

Directors Cut und Bonustracks

Nein, bitte nur den Film und sonst nix

Ein Roman ist ein Roman mit Anfang und Ende und sonst nichts. Er ist, wie er ist, und damit hat sichs. Ein Album, wie man früher sagte, ist ein in sich ruhendes Werk, das durch jede Form von Beigaben und Varianten nur an Strahlkraft verlöre. Gleiches galt früher für den Film. Heute zerfasert er sich in diverse Edits, Cuts und findet vor lauter Bonusgetracke und Making-Geoffe schier kein Ende. Wenn es den Directors Cut gibt, wer hat dann die erste Version zusammengeschnibbelt? Der Praktikant? Die Putzfrau? Wohl auch der Spielleiter, will man hoffen. Wird dann der Film in der Glotze runtergenudelt, ist der Sender für jede zusätzliche Minute dankbar, um viele Werbeblöcke unterzubringen oder einen Mehrteiler zu kreißen. Rasch mit dem Kehrbesen durchs Schnittstudio gefegt und alles zum Directors Cut aufgeblasen. In der dritten Auswertungsstufe des Flimmerstreifens, der DVD, wird noch mehr Brimborium ans eigentliche Werk gekippt. Brad Pitt beim Pissen, alle auf dem Set fressen zusammen Pizza, ein Stuntman kriegt die Kurve nicht und liegt tot im eigenen Saft. Lustig, lustig so ein Making-Off, da weiß man, wie's gemacht wird, und ohne dem könnte man den Film gar nicht verstehen. Mindestens drei Bonustracks sind außerdem Pflicht, darin kann der Anspruch dann noch einmal gesenkt werden: Brad Pitt nicht mal beim Pissen, sondern einfach so im Sessel sitzend zehn Minuten lang. Doch ist in Sachen Medienwurstigkeit kein Ende abzusehen, es gibt ja auch noch die Audiotracks, da sitzt Brad Pitt immer noch im Sessel, man sieht ihn aber nicht, sondern den Originalfilm ohne Ton, dafür aber mit Gelaber von Brad Pitt, wie er sich mit seinem Sessel über den Film unterhält – superspannend! Wer jetzt meint, bekloppter gehts nicht mehr, der hat noch nicht die faszinierende Ästhetik der Menüsteuerung kennengelernt. Das ist DVD gucken ganz ohne Film, ohne Brad Pitt, ohne Sessel, sogar ohne dessen Gelaber mit seinem Sessel. Hier geht es nur um die witzig animierten Schaltvorgänge zwischen den Menü-Ebenen, pupsende Buttons, klaffende Vulven zum An- und Draufklicken, das ist noch lustiger als Filme gucken. Gar nicht auszudenken, welchen Müll die Produzenten erst auf den DVD-Nachfolger packen, wenn noch mehr Daten dort Platz finden. Womöglich das komplette Leben des Regisseurs in Echtzeit mitgeschnitten. Danach würde mir nur noch ein Bonustrack gefallen: der Directors Cut mit dem Messer durch dessen Hals.

Alle hassen Radfahrer

Und lassen sie trotzdem leben: hochanständig!

Der Straßenverkehr, Urwald unter den sozialen Begegnungsräumen unserer Gesellschaft, hat ein neues Riesenarschloch definiert, den Radfahrer. Endlich wird das Auto aus seiner Buhmannrolle befreit. Kastriert durch Lambdasonden, Rußfilter, 30-km-Zonen, Umweltplakette und weil die Dinger auch immer knuffiger aussehen, mauserte sich der Pkw vom Stinker zu Ökos Liebling. Denn nur beim Auto kann er ökopolitisch überhaupt den Hebel ansetzen, das Fahrrad verbraucht ja ohnehin keinen Sprit und emittiert auch nichts. Somit kann sich das Augenmerk zielgenau auf dessen Fahrer richten. Dieser brettert unter Umradlung sämtlicher Verkehrsregeln durch das vom Autofahrer finanzierte Wegenetz. Seitdem die Biester auch noch technisch aufgerüstet sind wie die Komparserie des Kampfsterns Galaktika, tauchen sie wie aus dem Nichts im Rückspiegel des Kfz-Piloten auf. Mit ihren karbongerahmten Hightech-Maschinen schnellen sie plötzlich aus Nebenstraßen heraus, preschen über Verkehrsinseln, Fußgänger, Rabatten und alles, was sich ihnen in die Quere stellt. Nun gut, Autofahrer würden sich nicht anders benehmen, klebte an ihrem Arsch kein Nummernschild. So allerdings sind sie ständig zu identifizieren, man kann sie elektrisch knipsen, es reicht aber auch nur, sich das Kennzeichen zu merken. Schon winkt bei der leisesten Übertretung der Idiotentest, und der Lappen ist futsch. Ganz anders die Velo-Ritter, sie haben kein Nummernschild, sie sind vermummt und müssen nicht erst eine Scheibe runterkurbeln, um jemandem eins auf die Fresse zu hauen. Ein Traum, so denkt auch der Autofahrer und beneidet sie darum. Wäre nicht die Sache mit dem Regen und das anstrengende Gestrampel, alle würden lieber Rad fahren und sich benehmen wie ein Arschloch. Im Vorübergleiten dem Mittelklassekombi eins aufs Dach zimmern, weil er zu dicht am Rande fährt oder mit dem Fuß den Kühlergrill eintreten, das macht doch jedem Spaß. Viel schlimmer aber als die Vandalen auf Pedalen sind die Moralstrampler. Die fahren nämlich nicht mit dem Rad,

Geschäft in der Istanbuler Innenstadt. Wann hab ich in einer deutschen City das letzte Mal einen Laden für Trecker-Ersatzteile gesehen – nur noch Ami-Fraß, Handyshops und Milbenshirts aus China.

um rumzurüpeln, was ja verständlich ist, sondern um sich als ökologisch bewusst zu präsentieren und alle anderen damit als Drecksäue. Für diese eitle Zurschaustellung sind sie sogar bereit, ihre Kinder zu opfern. Die sitzen nämlich auf Auspuffhöhe in einem bunten Plastehänger, der wie ein Trichter die Abgase der bösen Ökoschweine einsammelt. Für diese Nummer werden die Radfahrer und -innen ganz besonders gehasst. Das kann man dann allerdings auch verstehen.

Kulis und Luftballons

Vermögensbildung in Arbeitnehmerhand

Hätte das DDR-Regime Ende der 80er Kulis und Luftballons unter den Werktätigen verteilt, wer weiß, vielleicht stände die Mauer heute noch. Nichts ist seit Jahrzehnten so ungebrochen wie des Deutschen Trieb, umsonste Kugelschreiber, Feuerzeuge, und eben Luftballons zu ergattern. In gleißender Sonne steht er stundenlang an, wenn sich die Chance bietet, die begehrte Sore abzugreifen. Sogar die allseits ungeliebten Parteien können mit der valutafreien Abgabe von billigen Schreibwerkzeugen bei ihren Nichtwählern punkten. Noch nie sah ich allerdings in einem Bürobedarfsgeschäft jemanden ausdrücklich nach billigen Plastikkulis verlangen, gibt es sie allerdings umsonst und auch noch mit Werbeaufdruck, drängeln die Schimpansen vorm Tapeziertisch. Lägen dort Kartoffeln oder Kiwis für lau, schubste sich kein Schwein bis nach vorn. Nur ganz bestimmte Artikel lösen bei den Tütenmenschen diese großhirnfreie Gier nach Habenwollen aus, zum Beispiel auch Werbesticker, egal was draufsteht, Hauptsache bierdeckelgroße Klebefolie. Eine ganze Industrie versucht täglich, neue Giveaways, wie wir Doofen sagen, zu kreieren. Eiskratzer, LED-Funzeln, Inbusschlüsselsets. Doch auf ewig unerreicht bleiben Kugelschreiber, Feuerzeug und Luftballon. Gerade Letzterer ist geradezu das Sinnbild kompletter Nutzlosigkeit. Kein Mensch braucht jemals einen verschissenen Luftballon. Im Vergleich zum Preis macht er aber volumenmäßig schwer was her am Promostand. Auch das Feuerzeug benötigen immer weniger Leute. Rauchen darf man nicht, und zur Brandstiftung fehlt der Mumm. Trotzdem greifen alle zu, wenn es umsonst auf dem Tresen liegt. Der König aller Geschenkartikel bleibt aber der Kugelschreiber. Selbst wenn niemand mehr die Handschrift beherrscht, man mit dem bloßen Finger auf dem Touchscreen die Kreuzchen fürs Abitur machen kann, selbst dann wollen alle noch 'nen Kuli haben mit Möbel-Willi aufgedruckt. Warum tarnen die Firmen, Behörden und Anstalten ihre Schautage immer noch als Tage der offenen Tür mit Diskussionen und Schlagersängern auf großer Bühne? Einfach nur ein Schild vors Tor: „Heute Kugelschreiber umsonst." Da dürfte selbst bei der SPD 'ne Menge los sein auf dem Hof.

DIE MENSCHHEIT

Sechseinhalb Milliarden Menschen leben auf der Erde. Das klingt viel, doch müssen es früher einmal mehr gewesen sein. Wenn alle sechseinhalb Vater und Mutter gehabt haben, ja dann waren es ja mal dreizehn Milliarden. Huijuijui. Da schlottern einem aber die Knie, was.

Die Deutschen

Leben im rechten Winkel der Welt

Nachdem Reichsoberlehrer Guido Knopp das Deutschtum in allen seinen geschichtlichen Facetten hinreichend abgemolken hat, wird es Zeit für mich, die Eingeborenen aus dem Reich der Mitte Europas zu würdigen, nämlich die Doofen hier, was ist an ihnen deutsch und warum tun sie das? Zum Beispiel hinterm Schrank tapezieren, wo es da doch gar niemand sieht. Gott sieht eben alles, dem Polen ist so was egal. Eine sehr deutsche Eigenart und sonst, hoffentlich, nirgends auf der Welt zu Hause ist das Schunkeln, eine Art Sitztanz mit untergehakten Nachbarn. Dieses Wiegen des Oberkörpers auf der Stelle ist bei vielen in Gefangenschaft gehaltenen Großsäugern recht häufig. Bei Pferden, die zu lange in der Box stehen, heißt es „Weben", bei Elefanten im Zirkus kommt der Tierschutzverein und beim Deutschen Florian Silbereisen mit dem Bolzenschussgerät. Nur wenn man Schunkeln als Symptom psychischer Deformation sieht, erscheint es halbwegs normal. Wobei wir nun schon tief in die deutsche Seele abgetaucht sind. Dort regiert die „Gemütlichkeit", das ist eine Stimmungslage, die unter zivilisierten Völkern nicht vorkommt. Gemütlichkeit ist mehrgeschlechtliches Beisammensein minus Erotik, deswegen auch bei Ehepaaren sehr beliebt. Genau wie das Schunkeln findet auch die Gemütlichkeit ausschließlich im Sitzen statt.

Um auch unterwegs diese lauwarme Seelenlage nicht zu missen, hat der Deutsche ein spezielles Möbel für Wohnmobile entwickelt: die Rundsitzgruppe, plüschiges Furzerwartungsgelände in U-Form, das über die Hälfte des knappen Raumes einnimmt. An Land findet Gemütlichkeit vorzugsweise an zusammengeschobenen Tischen statt. Diese stehen in düsteren Gasthäusern namens „Süße Mutti“ oder „Altes Forzhaus“. Je mehr Geweihe und ausgestopftes Viehzeug an den Wänden prangt, desto höher der Gemütlichkeitsindex. Doch auch privat kann man sichs „gemütlich machen“. Dazu braucht man ein großes Sofa, Jogginghosen, Fertiggerichte und einen DVD-Abspieler. Alkohol sowieso! Auch hier besticht die Verhaltensweise durch die ausdrücklich gewünschte Abwesenheit jeglicher Erotik. Wenn ein Ehe- oder Sonstwie-Paar sich vornimmt, einen „gemütlichen Abend“ zu verbringen, so ist der intimste Moment die gegenseitige Tolerierung von Faulgasemissionen nach dem Verzehr der Pizza mit alles. So vielschichtig der Deutsche auch in seinen politischen oder kulturellen Erscheinungsformen ist, der ewige Drang zur Gemütlichkeit eint sie alle: Wollsocke oder Busrentner, verpartnertes Schwulendoppel und Eigenheiminsassen.

Die Nackten und der Nacken

Des Sommers wahre Freuden

Es sind die zwei nur scheinbar gegensätzlichen Symbole und Fast-Homonyme des Sommers: die Nackten und der Nacken. Mensch und Schwein. Der eine wird gegrillt, der andere grillt sich selber. Und wenn der Mensch das zu lange tut, sieht er auch bald aus wie eine gesengte Sau. Die warme Jahreszeit ermuntert den Zivilisationskrüppel zu archaischem Verhalten. Er springt mit blankgezogenem Pillermann an Badeteichen rum, und abends will er wie einst im Neandertal die Zähne ins verkohlte Nackenkotelett rammen, gern auch knapp und ästhetisch frag-

Leute aus dem Landkreis Diepholz in der schlichten Tracht ihrer Vorfahren.

würdig gekleidet. Des Deutschen größter Sommertraum ist, splitterfasernackt am Holzkohlegrill triefende Fleischbrocken in sich rein zu stopfen. Das Fett quillt aus den Lefzen hervor, umspielt beim Runterfluss die Biertitten, sammelt sich wieder beim Überwinden der Mastwampe, um schließlich im Gestrüpp der totgelegten Geschlechtsteile eine vorläufige Heimat zu finden. Ja, das ist ekelig fürwahr. Es wird aber auch mal Zeit, mit der Mär zu brechen, der Sommer sei die Saison der Schönen und die Zeit des kultivierten Genießens. Es sind ja nicht die ranken Bikinischönheiten, die das sommerliche Straßenbild regieren, sondern die all zu weit frei gelegten Mastweiber und fetten Deckeber, die hinterdrein stolpern. Gegessen wird auch nicht, was an Früchten und Salaten frisch auf den Marktständen feilgeboten wird, sondern Nacken. Einfach nur Nacken, und zwar satt, wenn nicht drüber hinaus. Die Nackten und der Nacken, da zeigt der Sommer seine ungeschminkte Fratze. Das Fett, einmal triefend, einmal schwabbelig, ist sein Elixier.
Auch mit einem anderen wohlmeinenden Vorurteil gilt es zu brechen. Wenn im Lenz die Lenden zucken, dann treibt es den Germanen nicht etwa zum Freiluftsex, sondern er scheißt in den Wald. Ja, es tut mir leid, das sagen zu müssen, aber es ist eine Tatsache, die Waldschisshäufigkeit ist direkt proportional zum Temperaturanstieg. Was bleibt von des Sommers luftigen Versprechungen? Nichts. Adipöse Lidl-Saurier schlingen fettes Billigschwein in sich rein und kacken danach zufrieden grunzend in den Forst. Bah! Kultur ist, wenn das Thermometer fällt.

Gott

V.i.S.d.P.

Eine Frage, die an dieser Stelle endlich mal geklärt werden soll, ist die folgende: Gibt es eigentlich Gott. Wenn ich nämlich noch mehr Zeitungsartikel, Bücher und Fernsehdiskussionen zu dem Thema ertragen muss, kriege ich grüne Pickel, und zwar die von der ganz ekeligen Sorte. Gut, gehen wir die Frage nun ein letztes Mal an. Gibt es Gott? Antwort: Ja, es gibt ihn. Interpretation der Antwort: Besser wärs, es gäbe ihn nicht. Denn Gott hat neben vielen anderen Fehlern den einen ganz entscheidenden, er ist Abstinenzler. Zu welchen Taten diese freudlosen Kreaturen fähig sind, hat nicht zuletzt der Zweite Weltkrieg bewiesen. Hätte sich Gott mal zwischendurch ordentlich einen hinter die Binde gegossen, die ganzen Morde, Massaker und Menschenopfer in der Bibel wären vielleicht ausgeblieben. Und noch schöner, die in seinem Namen veranstalteten Blutorgien der letzten zwei Jahrtausende hätte man sich womöglich auch erspart. Wotan, der oberste Gott der Germanen, hat gesoffen wie ein Loch, nun sicher, er war auch nicht gerade Pazifist, bevorzugte er doch als Trinkgefäß die Schädel seiner besiegten Feinde. Der Grieche Zeus war auch kein Kostverächter, er hat rumgehurt wie ein Straßenköter, fürs Saufen allerdings war Dionysos zuständig, bei den Römern dann Bacchus. Der Polytheismus griechisch-römischer Provinienz unterhielt ein eigenes Ministerium für Trunksucht, bei den Germanen war das selbstredend Chefsache. Mit der leichtfertigen Übernahme orientalischer Wahnvorstellungen, kurz Christianisierung genannt, holten wir uns den abstinenten Gott ins Haus und damit den ganzen Ärger des Abendlandes. Dieses Geeifere und diese sinnfreie Rechthaberei sind direkter Ausfluss mangelnder Drogenstimulanz von außen. Und wenn der Körper nicht bekommt, wonach er giert, ein gut gezapftes Pils zum Beispiel, dann mobilisiert er körpereigene Opiate, die sich infolge als religiöser Fanatismus manifestieren. Gibt es also Gott? Ja, leider, muss man sagen, und dagegen helfen auch keine Vernunft und keine Pillen. Wenn auch Atheisten und Agnostiker seine Existenz tausendmal leugnen und Historiker die ganze Bibel für einen zusammengestoppelten Schmarrn halten. Man kann denen nur entgegenhalten, Gott ist eben allmächtig, da hätte er sich auch in einem Fix-und-Foxi-Heft offenbaren können, wenn ihm danach wäre. War ihm aber nicht, er wollte einfach früher auf den Markt, und da war es halt die Bibel. So ist das mit den Abstinenzlern, sie sind ungeduldig und immer leicht cholerisch. Nur bei einer Gelegenheit macht im Christentum der Kelch die Runde, beim Abendmahl gibts roten Wein. Recht so, besoffen sein ist die Mutter des Pazifismus. Aber um gar nicht erst diese Hoffnung keimen zu lassen, behauptet der Katholizismus, der alkoholische Rebensaft verwandele sich leibhaftig in das Blut Christi. Iehh bah! Und der Protestant säuft gleich Traubensaft, noch mal iehh bah! Gibt es Gott? Ja, und Fix und Foxi, die gibt es nämlich auch.

Moderner Schlaf

Die Matratze als Ausweis des richtigen Lebens

Bin ich ein Schwein, weil ich nicht alle drei Wochen meine Matratze wechsle? Sollte es noch mehr Federkern-Hygienemuffel meiner Sorte geben, wovon leben dann die unzähligen Matratzen-Outletcenter in den Gewerbegebieten? Jahrzehnte ist es her, dass die Schlafunterlage Bestandteil der korrekten Gesinnung wurde. Linksradikales Gemüse rekelte sich auf brettharten Futons, und wer seiner Umgebung signalisieren wollte, dass er gern an sich und anderen rumspielte, kaufte sich ein wabbeliges Wasserbett. Ohne dass drauf rumgerammelt wurde, brachte es schon die Statik manchen Altbaus ins Wanken. Wer einfach nur schlafen wollte, das aber irgendwie ganzheitlich, krabbelte auf die Taschenfederkernmatratze oder den teuren Naturlatex. Mit dem langsamen Vergreisen der Generation Zausel verschob sich deren Matratzenfokus gänzlich vom Knattern zum seligen Schnarchen. Betten wurden von Wasseradern und Steinkohleflözen weggerückt, dank Feng-Shui konnte man nicht mehr vom Lager in die Glotze gucken. Machte aber nichts, denn Elektrizität ist im Schlafraum eh verpönt, über die Steckdosen nämlich kriecht die böse Atomkraft in die Träume. In den so bereinigten Bubu-Zellen ruht jetzt aufgebahrt der bewusste Mensch des neuen Jahrtausends und kann nicht einschlafen. Schuld ist aber nicht die eigene verquaste Einstellung, sondern zum Beispiel die Hausstaubmilbe. Ihr gilt es nun als letzten Feind den Garaus zu machen. Ökozausel greifen zum natürlichen Nimbaumöl, Hausfrauen mit Killerinstinkt sprühen großflächig Entlaubungsgifte aus der Sackrattenforschung. Wer jetzt noch nicht einschlafen kann, ist selber schuld, denkt man, doch was ist mit der Handystrahlung? Aha, hab ich da nicht so einen Mast gesehen, nur drei, vier Kilometer neben meinem Bett?! Und das Nachtflugverbot soll auch kippen, hört man, eine knappe Autostunde von meinem Kopfkissen entfernt. Ja, wie soll da ein Mensch noch schlafen können? Lichtverschmutzung am Firmament, der Nachbar vögelt noch nach Mitternacht, ein Hund bellt den Vollmond an, da ist an Schlaf überhaupt nicht zu denken. Selbst wenn die Löcher für die Sinnesorgane rundum zugeklebt werden, kriechen ja immer noch Milben und Elektrosmog in Morpheus Reich. Nein, nein, nein, so kann doch kein Mensch einschlafen. Wie denn auch, bei so viel blödsinnigem Gewese um die einfachste Sache der Welt. Und jetzt weiß ich auch, was in den vielen Matratzen-Outletcentern geschieht. Dort schlummern heimlich auf billigen Schaumstoffkernen – noch eingeschweißt in kalter Folie – all die armen Irren, die in ihrer elektrosmogbereinigten und entmilbten Feng-Shui-Hölle keinen Schlaf mehr finden. Gute Nacht allerseits.

Boomtown Berlin

Und ich dachte schon, nur die Kölner hätten nicht alle Latten am Zaun

Alles strömt, alles fließt nach Berlin, die Boomtown-Ratten besetzen das sinkende Schiff. Als ob es im Puff Freibier gäbe, treibt es die Amüsierwilligen aller Herren Länder zu Tausenden an die Spree. Nun ist der Puff sicher eine feine Sache, gelegentlich, doch würde kein noch so begeisterter Stammfreier dort einziehen. Warum also wohnen Menschen in Berlin? Finden sie Normalität an sich scheiße? Also mit dem Öffi reisen, ohne angebardet zu werden, ohne sich die schwärenden Wunden der Mitreisenden ansehen zu müssen, während deren Köter in den Waggon scheißen, finden sie das alles zu öde? Ja, Kassel bietet das natürlich nicht. In kaum einer anderen Stadt als Berlin kann man sich auch, verranzt und arbeitslos wie man ist, jahrelang aufs Trottoir hocken und behaupten, man sei ein Drehbuchautor. Keine andere Stadt in ganz Europa bietet der eigenen Lebenslüge so wenig Widerstand. Schauspieler drehen den Dönerspieß in Friedrichshain, verkannte Filmregisseure schleppen den Cappuccino über die Kastanienallee, eine ganze Stadt voller Kreativer qua Selbstdiagnose. Nirgends scheint auch der Weltruhm so greifbar nah, wohnen denn nicht auch Brad Pitt und Angelina Jolie fast im nämlichen Kiez? Und träfe man sie dort beim Billigtürken, reichte ein hingeworfenes: „Ich bin übrigens Drehbauchautor", und schon stände einem die Welt des Glamour offen wie ein Scheunentor. Und dann sind da noch die Filmdrehs an jeder Ecke von Berlin. Hier kurbelt Tom Cruise am Bendler-Block den 20. Juli runter, zwei Straßen weiter entsteht schon wieder eine Telenovela. Ist das nicht irre?! Wahnsinn! Boomtown Berlin! Doch bedenke stets, dass auch im damaligen Jugoslawien jede Menge Karl-May-Filme gedreht wurden, ohne irgendwelche Spuren aufkeimenden Wohlstands am Drehort zu hinterlassen. Bullshit, sagen 3000 Storyboardentwickler, die gerade einen schweinegünstigen Latte macchiato in sich reinschütten, Berlin boomt, du spürst es einfach irgendwie, alle sind total crazy drauf, und der Thekenlurch in der Paris-Bar heißt Beverage Consulter. Hey, das ist Weltniveau: einholen ohne zu überholen, wie man in der Hauptstadt der DDR die Lebenslüge nannte. Der größte Schlemihl in der Dreimillionen-Hüpfburg ist aber der Narr an ihrer Spitze, Wowi geheißen und genauso pseudodurchgeknallt wie die ganze Stadt. Berlin ist wie die Kinder reicher Eltern in der Oberstufe, die mit Papis Geld einen auf dicke Hose machen. Berlin ist der Dieter Bohlen unter den europäischen Großstädten.

Kiefernmöbel

Wohnst du schon oder lebst du noch im eigenen Sarg

Was sieht beschissen aus und entlarvt seinen Besitzer als Retrolurch der schlimmsten Sorte? Möbel aus Kiefernholz, am liebsten unbehandelt, wobei dieses Wort erst durch den IKEA-Katalog in der deutschen Sprache positiv assoziiert wurde. Noch bei der Syphilis erschließt es einen ganz anderen Konnotationsraum. Gleichviel, das unbehandelte Kiefernregal war jahrzehntelang Deutschlands Akademikertapete Nummer 1. Hier faulten Habermas, Günter Grass, der Strukturalismus und komplette Soziologie-Denkgebäude ihrem verdienten Ende entgegen. Ganze Wohnungen in Kiefernoptik ein- oder besser zugerichtet, sollten vom konsumabgewandten Dasein der Insassen zeugen. Man hatte es nicht nötig, wie noch die Elterngeneration, seinen Status in Eiche rustikal zu schnitzen. Das Kiefernbrett mit all seinen Ästen, ungehobeltem Splint und dem Bauholz-Image entsprach dem basisdemokratischen Lebensstil. Jeder konnte es sich leisten, es war praktisch, moderesistent, ließ sich vom Nutzer notfalls sogar lasurmäßig upgraden und schaffte damit den Sprung von der WG ins Lehrerwohnzimmer. Ganz Verwegene bretterten auch noch Wand und Decke mit dem schäbigen Kistenholz zu, schliffen Altbauböden ab, bis die astige Kiefer sich zeigte oder tauchten Omas Vertiko ins Säurebad. Gänzlich unbehandelt kieferte die Heimstatt des arrivierten Linksträgers seit Anfang der Achtzigerjahre vor sich hin. Betratst du eine vollgekieferte Wohnung, konntest du sicher sein, auf erkleckliche Rotweinvorräte zu treffen. In den Regalen ruhten Hühnerfutterzerealien, auf den Tischen quollen Aschenbecher über, und die Liegestatt war immer hoch. Doch plötzlich änderte

Hundekotzbrunnen vor dem Kanzleramt in Berlin. Der ursprünglich geplante Pferdekotzbrunnen konnte wegen der fehlenden Apotheke nicht realisiert werden.

sich die Welt. Der geheuchelte Konsumverzicht wich einem lustbetonten Exhibitionismus, GRÜNEN-Politiker sahen nicht mehr aus wie die letzten Heckenpenner, SPD-Schranzen trugen plötzlich gutsitzende Anzüge, und daheim wanderte das gute alte Kiefernregal still und leise in den Keller, Farbreste und Frostschutzmittel statt Foucault und Friedrich Nietzsche. An seiner Stelle residiert nun das schründige Teakholzmöbel im Livingroom, aus nachwachsendem Plantagenholz selbstredend und damit Ausweis korrekter Öko-Lüge. Allen Noch-Besitzern der ersten politischen Möbelmode in Deutschland rate ich: Haltet durch, noch ein paar Jährchen, und die alte Bretterkiste aus der WG wird zum trendigen Lifestylemöbel. Auch die ollen Suhrkamp-Schwarten bekommen wieder ihren Platz, kleiner Tipp, die Seiten rausreißen, dann sind sie nicht so schwer.

Mobbing, Harassment und Bashing

Homo homini Arschloch est

Der Kollege stinkt, saut alles zu und ist faul wie drei Hängebauchschweine. Dummerweise vegetiert die Öffizecke schon seit Jahrzehnten in der Behörde herum und ist natürlich unkündbar. Die Notwehrreaktion der entnervten Mitarbeiter nennt sich zu Unrecht Mobbing. Nicht ein Quäntchen Verständnis wird denjenigen entgegengebracht, die sich nicht anders zu wehren wissen. Moralische Sieger von heute sind immer die nicht herbeigerufenen Anwälte vermeintlich Getretener. Jedes Arschloch ist automatisch ein Mobbingopfer, nie kann es auch nur sein, dass es sich tatsächlich um ein Arschloch handelt. Auch das früher so beliebte und in der Regel einvernehmlich gestaltete Kollegenbumsen ist unter einen Generalverdacht gelangt, denn des Sexualharassments und findet deshalb kaum noch Anwender. Schade eigentlich, denn so manch dröge Hinterhofklitsche hatte dadurch etwas annehmbar Verruchtes. Als Dritter im Bunde amerikanischen Opferkuschelns kommt das Bashing zu uns. Hier drischt man auf ausgewiesene Idioten des öffentlichen Lebens herum: Mehdorn, Tiefensee, Dieter Bohlen und wie sie alle heißen. Danach werden sie stilisiert zu Bashingopfern, und gleich im Anschluss folgt dann das Basher-Bashing. Nicht mehr auf Mario Barth oder Andrea Ypsilanti wird rumgebasht, sondern auf deren Basher. Was im nächsten Zug logischerweise die Bashingversteher auf den Plan ruft, also jene, die es nicht in Ordnung finden, dass man auf alle rumbasht, die Mario Barth bashen. Gar nicht so leicht, sich da zurecht zu bashen. Wichtig ist es vor allem auch, den richtigen Bashingzeitpunkt zu finden. Wer vor einem Jahr etwa behauptete, Mario Barth sei ein Idiot, war dadurch selbst fast ein Intellektueller, wer es heute noch sagt, ist selber ein Idiot, da ja alle schon wissen, dass Mario Barth kein Intellektueller ist. Wer morgen noch behauptet, dass Dieter Bohlen und Hartmut Engler so doof sind, dass sie an sich in die Bundesregierung gehören, hat geschickt über Bande von hinten ins Auge gebasht und Glos, Tiefensee oder wen hab ich vergessen schwerer getroffen als durch Direct-Bashing. Jetzt aber genug geschwafelt, sonst kommt es noch zum Wischmeyer-Bashing.

Raus aus den Schulden

Wieso eigentlich? Ist der Hungerturm schon voll?

Ich habe die Hoffnung, dass es diese Menschen gar nicht wirklich gibt, die Typen aus Peter Zwegats „Raus aus den Schulden". „Hahaha", sage ich mir immer, „exzellente Schauspieler und das bei RTL, Hut ab". Denn wenn es sie wirklich gibt, diese fetten, stinkenden Vollidioten aus der Sendung, dann muss das Projekt „Solidargemeinschaft" als gescheitert betrachtet werden. Wer ist denn noch bereit, Steuern, Krankenkassen- und Rentenversicherungsbeiträge in unseren absurden Höhen zu berappen, wenn er sieht, wie der Homo schuldenfallensis sie in ekelige Polstergruppen und fettes Fressen verjuxt. Nein, das ist alles eine perfide Inszenierung, die dicken Doofköppe aus dem Zwegat-Zirkus gibts gar nicht. Das ist eine Freak-Show, die RTL im Auftrag der Bundesregierung produziert. Durch sie soll dem braven Steuerzahler ein Ekel vor dem Prekariat injiziert werden. In absehbarer Zeit, wenn der Staat die Überflüssigen nicht mehr füttern kann oder will, sollen wir anderen mit den Morlocks kein Mitleid empfinden. Ein schlauer Plan, den ich so der Regierung gar nicht zugetraut hätte. „Raus aus den Schulden" und ähnliche Pseudo-Einblicke in die schummrige Welt der Chipsfresser dienen dazu, die Freund-Feind-Kennung des Normalos auszuhebeln. Nach zwei, drei Folgen Reality-Fernsehen bin auch ich ganz benommen vom Prekarier-Zoo. Zweihundertfünfzig Jahre Schulpflicht in Preußen: vergeblich, Erfindung des Buchdrucks: wozu?, Einführung des aufrechten Gangs vor anderthalb Millionen Jahren: außer Halbierung der Sandalenkosten kein Effekt. Wer zusehen muss, wie sich der tapfere Peter Zwegat durch den Lemuren-Dschungel kämpft, empfindet kein Mitleid mehr. Sollen sie doch alle im Schuldturm verfaulen, diese Idioten da. Noch eher erlangte ein Kamel den Hauptschulabschluss, und zwar den qualifizierten, als dass diese blöden Furunkel nach dem Abzug von RTL alleine zurechtkämen. Das also will man uns weismachen, damit wir, wenn der Tag kommt, nur achselzuckend sagen: „Ach so, das sind doch nur die Deppen aus der Sendung von RTL." Oder es gibt sie tatsächlich da draußen. Dann gute Nacht!!

Schöne DDR

Knäste und Elaste aus Zschopau

Was 'n jetzt los? Die DDR war gar kein Unrechtsstaat? Warum haben wir die denn dichtgemacht, Holland gibt es doch auch noch. War vielleicht etwas übereilig diese Eingemeindung, wenn es da gar nicht mal so scheiße war. Obwohl, die Autobahnen habens imagemäßig nicht rausgerissen bei Honecker, da hätte sogar Eva Herman gesagt: Bei aller Liebe, hier hört der Spaß auf. Aber ansonsten schnitt die DDR doch gar nicht mal so schlecht ab im internationalen Vergleich, sagen wir mal gegen Kampuchea von Pol Pot, gegen Pinochets Chile oder diesen ganzen verschissenen Balkan mit seinen Würstchenbuden-Republiken. Nein, da muss man auch mal objektiv sein und den Broiler im Dorf lassen. So total super mega beschissen war die DDR nämlich gar nicht, dass man da gleich in der Nikolaikirche rumpupen musste. Jeder hatte was zu fressen, eher zu viel, Alkohol gabs auch reichlich und poppen war erlaubt – was braucht die Staatsamöbe mehr zum Glücklichsein? Na ja, viel-

Die aufblasbare Pferdepuppe aus dem Orion-Versand hielt, was der Prospekt versprach, dummerweise war sein Schlafzimmer so klein, dass er sie „dabei" immer halb auf den Balkon rausschieben musste – allmählich ahnten die Nachbarn etwas.

leicht noch Glotze und Auto. Okay, Auto war ein schlechter Scherz, aber Fernsehen ging doch sehr entspannt, man konnte alle Westprogramme gucken, ohne dass der GEZ-Lurch zweimal klingelt. Sieht so ein Unrechtsstaat aus? Da kommen jetzt wieder alle mit der Mauer und dem Zaun. Jaja, is ja gut, aber irgendwo hört auch die schönste DDR mal auf. Mal ist Schluss mit dem Paradies der Werktätigen, ist doch logisch. Die BRD hätte ja beitreten können, dann hätte es keine Zonengrenze gegeben, scheinheiliges Pack. Und der Schießbefehl? Wusste doch jeder! Wer schön mit seinem Arsch in der Platte blieb, wurde auch nicht erschossen, oder? Ja siehstu, war doch alles in Ordnung. Ganz anders in der BRD. Da latscht ein harmloser österreichischer Braunbär über die grüne Grenze nach Bayern und wird sofort abgeknallt. Und der wusste nichts von dem Schießbefehl. Nänä, da lass ich nichts kommen auf die DDR, das war nicht alles schlecht. Hätte man nicht unbedingt abschaffen müssen. War etwas voreilig.

DER WEIN

Jesus verwandelte Wasser in Wein, warum nicht in Bier. Das ist doch viel bekömmlicher in der Hitze Palästinas und enthält auch nicht so viel Alkohol. Aber was solls, meine Freunde: Der Esel findet allein nach Haus, und Flensburg ist weit weg.

Wir sind die Saurier von morgen

Und da wird niemand sein, der unsere Knochen findet

Warum hat das Aussterben eigentlich so ein mieses Image? Die Saurier verdanken ihm einen Großteil ihres Nachruhms. Vor 65 Millionen Jahren ging das winzige Lichtlein im Schädel der Riesenechsen aus, und Schluss war es mit dicke Hose machen auf dem Planeten. War ein Meteorit schuld, der die Sonne verdunkelte? War es der Säuger, der die Eier fraß? Wir wissen es nicht ganz genau, doch gut gemacht war der Abgang allemal. Perfekt inszeniertes Abkratzen fördert die Legendenbildung. Heute wären Pompeji und Herculaneum nichts als zugemüllte Vororte im Golf von Neapel, hätte sich der Vesuv ihrer nicht im Jahre 79 erbarmt. Grandioser Abgang, Hut ab! Atlantis ist sogar komplett verschwunden und seither noch berühmter. Und wo sind die Weltreiche geblieben? Karthago, Rom, das Empire? Alles fließt, und zwar den Bach runter. Doch nur weil es in Klump gehauen wurde, hat es diese Größe je erreicht. Manchmal hilft auch vergammeln. Venedig lebt vom Charme des Verfaulens. Läge es indes in Obi-Deutschand, hätte es zwar keinen Schwamm mehr in den Mauern, sähe aber aus wie Marzahn ob der Lagune. Wenn man dieses alles recht bedenkt, so verliert der Tod der Menschheit seinen Schrecken, verleiht er dem ganzen Unternehmen doch erst den rechten Sinn. Diese Überlegung mögen viele sogar noch mittragen, ja sicher, ewig geht das hier nicht so weiter, ist schon klar, mal schlägt auch für uns die Stunde des Sauriers. Doch, und da wollen die meisten dann nicht mehr mitziehen, warum muss die Menschheit ausgerechnet während meiner irdischen Verweildauer den Arsch zukneifen, das wäre doch ’ne Sauerei, jetzt auch mal aus Sicht der Rentenanwartschaft betrachtet. Gebenedeit durch die Gnade des spärlichen Gehirns hat sich der Sauropode diese Gedanken nicht machen müssen. Verschont blieb er wohl auch von nervigen „Rettet Pangäja-Konzerten“, und furzen durfte er noch, ohne vorher Emissionsrechte zu ersteigern. So hatte denn das Abkratzen des Sauriers eine heldische Größe, die so ganz anders ist als das jämmerliche Überlebensgewinsel des Homo ökologicus. Wenn ich dereinst auf dem letzten Lager ruhe, möchte ich in den Wolframfaden einer Glühbirne schauen und nicht von bläulichen LEDs angefunzelt werden. Keine lebenverlängernden Maßnahmen mehr für die Menschheit! Warum 20 Milliarden traditionelle Leuchtmittel auswechseln, nur damit ein paar Tausend Vollidioten zwei Wochen länger Zeit haben, um ihren Gottesstaat zu errichten? Nein danke! Man muss auch wissen, wann es Zeit ist zu gehen, gerade auch als Menschheit. Ich würde sagen, wir fressen den Rest noch auf, das ganze Öl, das Erdgas, den Urwald, alle Fische, und dann wird der Planet besenrein an die Kakerlake übergeben.

Trekkingklamotten

Der Sherpa trägt den Coffee to go

Einfach so nach draußen latschen, bloß weil die Sonne scheint, womöglich ohne Ausrüstung? Wohl bescheuert! Auch beim bloßen Latte-macchiato-schlabbern im Straßencafé läuft nichts ohne Trekkingklamotten. Also mindestens eine Mikro-Fleece-

Jacke übergestreift, aber nicht so ein verseuchter Dreckslumpen aus der Non-Food-Raufe von Aldi oder Lidl. Winddicht und atmungsaktiv durch Clima-Protection-System sollte sie schon sein, besser noch feuchtigkeitstransportierend, das heißt, die eigene Körpertemperatur prügelt die Suppe durchs Textil nach draußen, also nach Outdoor. Unter der Softshell-Joppe lebt die Funktionsunterwäsche, deren Funktion besteht allerdings nicht darin, den Siff und die Kotborke vom teuren Obergewand fernzuhalten wie einst Großvaters Schlüpfer, nein, auch sie dient dem Flüssigkeitstransport wie auch die Funktionssocke, deren Aufgabe zusätzlich darin besteht, durch eingewebte Cool-Maximizer-Fasern die alte Schweißmauke runterzukühlen. So, fast geschafft, und man darf sich die hundert Meter raus ins Straßenbistro wagen. Noch den Trekkingwendehut auf die Rübe gegen UV-Bestrahlung, die Walking-Sneakers mit den Belüftungsschlitzen übergestreift und ab gehts in den Dschungel der Großstadt. Zur Sicherheit schiebt man sich noch kurz vor Start das Thermometer in den Arsch und misst das Rektalfieber, wenn nicht gar mit dem Körperfett-Rechner die aktuelle Ausdehnung des Schwabbel-Äquators. Die SOS-Kapsel mit lebenrettenden Angaben am Arm sollte selbstverständlich sein, mit Angaben zu Blutgruppe, Allergien, religiöse Vorbehalte und mögliche Kopftransplantationen, was der Erstversorger halt so braucht, wenn das Bistro explodiert. Wohl dem, der dann den solarbetriebenen Notstromadapter fürs Mobiltelefon dabeihat, um die UNO-Hilfsorganisationen zu alarmieren. Entsalzungstabletten gehören nicht nur in jedes Notfallpackage, sondern korrespondieren auch in Friedenszeiten hervorragend zu vielen Gerichten der Schnellküche, also nicht vergessen. Den Leatherman am Büffelledergurt mit innenliegender Valutatasche angeschraubt,

Mumienschlafsack und die sich selbst einen blasende Iso-Matratze im Cross-Bag verstaut, stiefelt der Trekkingmensch hinaus ins Outback seiner Zweizimmerwohnung, um anhand der GPS-Daten von der Kaffeeröster-Webpage das Bistro anzusteuern. So schön kann ein kleiner Ausflug sein.

Alle kriegen 'ne Nummer

Vom Finanzamt, nicht im Puff

Jede Pflaume im Land der sozialen Gerechtigkeit bekommt eine eigene Nummer. Und weil dieses Land auf Wachstum abonniert ist, gleich eine elfstellige. Bei 83 Millionen Insassen hätten es acht Stellen auch getan, aber wer weiß, vielleicht schwillt ja der Volkskörper noch auf einhundert Miliarden Deutsche an, und dann wäre das Finanzamt der Gelackmeierte. Mit elf Stellen sind wir auf der sicheren Seite, selbst wenn der Migrationshintergrund rammelt, bis die Dönerbude wackelt. Was aber hat das Schweinesystem alles codiert in den elf Ziffern, wenn doch schon acht zum Durchnummerieren gereicht hätten? Steht an dritter Stelle eine 6, heißt das, der Typ ist schwul, steht vorne eine vier, verdient er mehr als 50 000 Schleifen per anno. Ein Blick des Behördensheriffs auf die Nummer, und er weiß Bescheid, welch Geistes Kind der Nummerierte vor ihm ist.
Sogar Greise werden kurz vorm Zugrabegehen noch angezählt, Säuglinge bereits an Mamas Titte als Steuerzahler registriert. Woher kommt nur dieser Wahn beim Leviathan? Zahlen doch immer weniger Eingeborene überhaupt Steuern. Da tuts doch bald der Vorname, und das Finanzamt weiß Bescheid. Da ist

was dran, doch wohnt dem Deutschen besonders in seiner Gestalt als Behördenschwengel ein tiefes Bedürfnis inne, seine Mitmenschen zu demütigen. Und wie gelänge das besser, als ihn zu einer bloßen Nummer zu degradieren? Noch wird sie nicht in die Achselhöhle tätowiert, immerhin. Ist ja auch nicht der „state of the art", heute würde man die ganze zweibeinige Biomasse komplett durchchipen. Eine kleine Datenbombe unter die Haut gespritzt wie beim Hundewelpen, und schon ist Schluss mit Schwarzarbeit. Da fährt die Zollfahndung mit dem Scanner an der Baustelle vorbei, und wenn es piept wird zugeschlagen. Das ist moderne Massenviehhaltung und nicht so ein altmodisches Zahlenverteilen. Doch so ist das halt, wenn der Staat eine Nummer schiebt, dann reichts nur für die Hundestellung. Bücken, Bürger, du wirst gefickt, und da kann man nichts machen. Der Staat schiebt dir seine Latte Zahlen hinten rein, und das Einzige, was dir noch bleibt, ist, sie beim nächsten Brief an die Lurche falsch abzuschreiben. Denn Dummheit ist immer noch straffrei in Deutschland.

Boris Becker

Der Mann, der rückwärts lebt

Wen die Götter hassen, den lassen sie den eigenen Ruhm jahrzehntelang überleben. Gemeint ist nicht Leni Riefenstahl, sondern Boris Becker. Mit 17 ein Gott, mit 22 ein Genie, mit 25 immer noch der Größte und jetzt ein Vollidiot. RiRaRunkel in der Besenkammer ist es dunkel, anders ist die Nummer damals in London wohl kaum zu erklären. Millionen deutscher

Männer fragten sich, was die ganze Prominenz denn wert sei, wenn man dermaßen hässliche Frauen rammeln müsste. Oder was war das Problem, hatte Mama Becker dem pubertierenden Bobele das Onanieren vergessen beizubringen? So hässlich der Vogel aus dem Putzmittelkabuff auch war, das Schicksal hielt für unseren Boris noch eine weitere Pointe bereit. Der Besenritt blieb nicht ohne Folge und doppelt Pech fürs Töchterchen, vom Aussehen ganz der Papa. Von nun an gings bergab mit dem Leimener, was immer er anfing, das Pech klebte an seinen Händen. Ob Autohaus oder Sportrechtehandel, ja, nicht mal anständig Steuer hinterziehen konnte er, uns Bobbele. Privat ging erst die Ehe mit Babs in die Brüche, dann folgten Affären und Trennungen, unvergessen auch sein Auftritt für einen amerikanischen Internetverein „Isch bin drin". Im letzten Jahr endlich schien es, unser Tennisheld aus dem vergangenen Jahrtausend habe sich gefangen: an der Seite einer dünnhäutigen Schmuckdesignerin wollte er es noch mal mit dem Ehestand versuchen. Doch kurz nach der Verlobung war schon wieder Schluss, Heirat geplatzt, aus die Maus. Was tun, dachte sich da der Held von gestern, um nicht als Pflaume dazustehen. Das Mobilsprechgerät noch vom Schlussmachen mit Sandy in der Hand, blätterte er ziellos im dortigen Nummernverzeichnis: Hoppala, wen haben wir denn da? Lilly Dingenskirchen, die Besprungene vor der Letztgebumsten, vielleicht wär da noch was zu löten. Ein Anruf später ist die Sache geritzt, zwei Anrufe später steht fest: Bobbele springt bei Kumpel Gottschalk durch den Feuerreif und gibt dabei den Heiratstermin mit der alten Neuen, neuen Alten, egal, mit irgendwas bekannt. Gerade noch mal die Kurve gekriegt und sich zum Herren der Nachrichtenlage gemacht. Doch o weh, was wird aus unserm Boris, wenn auch dieses Ereignis vorüber ist und er wieder nichts mit sich anzufangen weiß? Schade, dass Madame Tussaud keine echten Exponate zwischen die Wachsfiguren stellt, Boris Becker hätte dort endlich seinen Frieden gefunden.

Sommer in der Stadt

Wenn die Flatrate aus den Fickzellen quillt

Das absolut Schlimmste am Sommer in der Stadt ist, dass er keinem verborgen bleibt. Für jeden anderen Eventblödsinn gibt es eine Nischenzielgruppe, der man mit etwas Mühe ausweichen kann. Steht man nicht auf NPD-Demos, bleibt man halt zu Hause. Findet man Christopher-Dingenskirchen-Rumgetucke oder auch nur innerstädtisches Freiluftsaufen jeglicher Couleur ziemlich fad, meidet man entsprechende Stadtteile. Allein dem Sommer kann niemand ausweichen, bis in die eigene Wohnung dringt er vor und zwingt den Insassen zur Kleiderablage außerhalb erotischer Zusammenhänge. Tritt man vor die Tür, trifft einen dieser außererotische Zusammenhang dann wie ein Schlag. Auch alle anderen haben sich, und zwar in aller Öffentlichkeit, eines Großteils ihrer Abdeckungen entledigt und präsentieren nun die Symptome langjähriger Gammelfleischrezeption. Die vielgepriesene Sommerfreizügigkeit hübscher Maiden geht völlig unter im Ozean des schwabbelnden Fleisches. So sind unterm Strich die heißen Tage nur für den Adipositas-Perversen ein voyeuristischer Gewinn.
Die Stadt, einst erdacht, um möglichst viele Doofköppe auf engstem Raum übereinanderzustapeln, ergießt sich im Sommer

Jugendlicher als anonymer Alkoholtestkäufer in einem norddeutschen FKK-Biergarten.

in die Fläche, in Biergärten, Strandbädern, Parks und Grünanlagen. Jetzt erst fällt einem auf, wie viele Arschgeigen hier so um einen herum überhaupt leben und was die alles so im Köcher haben, um einem auf die Nerven zu fallen, wie Hunde, freche Blagen, Holzkohlengrills, Frisbeescheiben, Volleybälle, Skater, mobile Beschallungsgeräte und was weiß ich noch alles. Steht im Winter der Städter eng gedrängt und frierend draußen herum, so frisst er in der warmen Jahreszeit ein Vielfaches an Fläche, um seinen absurden Bewegungsdrang auszuleben. Würde nicht ein Großteil der Inhaftierten auf Freigang an der türkischen Riviera weilen, die städtischen Koloniebrüter skateten sich sommertags gegenseitig übern Haufen oder schmissen sich in den Park die Volleybälle an die Rübe, bis sie tot im Felde blieben. Die Stadt ist nicht gebaut fürs schöne Wetter, sie ist ein riesiger Haufen von Gebäuden. Und die stehen da nicht rum, um davor rumzustehen sondern um sich drinnen aufzuhalten. Sommer, das ist Landluft, Weite, Meer, Berge; Stadt ist Feinstaub, Ozon und Softeis auf dem Bürgersteig. Bah!

Vergrämung

Es muss nicht immer Englisch sein, wenn es was Bescheuertes zu benennen gilt

Der Tierversuch kommt letztlich auch dem Menschen zugute, das beweist die jüngste Innovation im Dienstleistungssektor, die Vergrämungstechnik. In den 80ern machten sich erstmals findige Tüftler daran, der städtischen Taubenplage einen Riegel vorzuschieben. Einfaches Abknallen der Luftratten war schon damals in der verweichlichten Gesellschaft nicht durchsetzbar. Nachdem herumflatternde Beizvögel die Lufthoheit im städtischen Revier nicht erobern konnten, wurden die Falkner wieder abgezogen. Dies war die Stunde der Vergrämungstechniker: auf Fenstersimsen, in Gebäudenischen und Bahnhofskuppeln installierten sie hektarweise Fakirmatte für das Citygeflügel. Da die Tauben wenig Lust verspürten, sich den Eisendorn in die Kloake zu rammen, mieden sie fortan das verminte Gelände. Weil das mit dem Viehzeug so schön geklappt hat, überlegten die Kommunalsheriffs, wie man anderes Gelichter aus der Stadt vertreiben könne. Da wären zu allerst die Obdachlosen in den U-Bahn-Stationen, denen spielt man z.B. in Berlin des nachts Opernarien vor. Wie schön, doch weil auch Nichtsesshafte ganz normale Menschen sind, die wie 99 % aller anderen auch grüne Pickel kriegen beim Rezipieren barocker „Hilfe-ich-bin-in-einen-rostigen-Nagel-getreten-Gesänge", verlassen sie fluchtartig den Öffi-Bunker. Juppheidi, das klappte ja großartig, dachten sich die Vergrämungstechniker und suchten nach neuen Geschäftsfeldern. Nach den Tauben und den Pennern gerieten ihnen die Jugendlichen ins Visier. Diese lungern Bier saufend und grölend in den Einkaufsmeilen herum, sind absichtlich arbeitslos und verprellen dadurch die betuchte Kundschaft. Dem jugendlichen Gehör ist es nun eigentümlich, dass es hochfrequente Töne in brutalst möglicher Deutlichkeit wahrnimmt, anders als das Ohr über 25. Zum Einsatz also kam der „Mosquito", das ist ein Gerät, das just ebendiese Frequenzen erzeugt und damit dem juvenilen Pack ordentlich eins auf die Löffel gibt. Nach diesem Erfolg kann es nicht mehr lange dauern, bis die City auch von allem anderen Gesocks gesäubert ist. Den herumstehenden Immigranten vergrämt womöglich Marschmusik, den militanten Muselmanen verprellt man mit Schweinekoteletts, die an Ortseingangsschildern hängen. Gegen alte Menschen streut man einfach wintertags die Bürgersteige nicht mehr, gegen geringverdienende Autofahrer gibt es schon die Umweltplakette, Raucher in Grünanlagen müssen in mitgeführte Plastiktüten ausatmen, Hundehalter sich gegenseitig anleinen, und Männer dürfen nach 22 Uhr nur noch auf die Straße, wenn sie untenrum einen Warnschlüpfer tragen oder kastriert sind. Sind dann endlich alle vergrämt, verprellt und vertrieben aus der Stadt, kommen die Luftratten zurück und scheißen die leeren Parkbänke zu.

Clowns

Wünsche Hals- und Pappnasenbeinbruch

Man kann die Menschen nach etlichen Vorlieben oder Abneigungen jeweils in zwei Gruppen teilen, in Bier- oder Weintrinker, in Katzen- oder Hundefreunde, in Stones- oder Beatlesanhänger, in Mercedes- oder Audifahrer, in Berlin- oder Kölnhasser, in Bayern- oder Cottbusfans. Keines dieser apodiktischen Gegensatzpaare hat mir je eingeleuchtet, aber anscheinend darf man in Doofland nicht für etwas sein, ohne etwas anderes entschieden abzulehnen. Habe ich gesagt, kein Gegensatz? Falsch! Nach einer Vorliebe kann man die ganze Menschheit einteilen, nämlich in Clownsgutfinder und Clownshasser. Unschwer zu erraten, dass ich zu Letzteren gehöre und alle mir bekannten ernst zu nehmenden Großhirnbenutzer diese angemalten Arschgeigen auch verabscheuen. Der „dumme August" und der „Weißclown“, was für ein infantiles Blödmannsgehilfen-Entertainment. Die beiden inszenieren die immer gleichen Uraltwitze rund um eine Wasserpistole, und wenn man Pech hat, wird auch noch jongliert. Noch schlimmer ist der „traurige Clown“, eine an selbstverschuldete Angemaltheit leidende Heulsuse. So was hält die normale deutsche Kulturschabracke für Existenzialismus. Als die Clowns noch im Zirkus eingesperrt waren und dort zur Kleinkinderbelustigung die Umbaupausen bevölkerten, ließ man sich deren Existenz noch gefallen. Aber irgendwann gelang ihnen der Ausbruch aus der Manege, und seither watscheln die Faxenmacher durch Autohauseröffnungen, Neujahrsempfänge und Vernissagen. Kein Ort mehr, wo nicht plötzlich ein grotesk überschminkter Wicht aus der Menge tritt und einem mit Fingerfarben im Gesicht rumschmiert. Als sogenannte „Walk-Acts“ terrorisieren die Kleinkunstwichser jede zweite Stehparty. Darauf hoffend, dass man putzig aussehende Knilche nicht vermöbelt, piesacken sie Erwachsene mit Kleinkindgetue. Und wehe, man findet es nicht lustig, wenn ein bunter Fettsack einem Seifenblasen ins Gesicht pustet. Beim Platzen selbiger an der Nase wird der darin gefangene Tofu-Atem des Seifenbläsers abrupt frei und erzeugt beim Opfer spontanen Würgereiz. Diesen Schabernack mit körpereigenen Faulgasen kann nur lustig finden, wer auch dem Nachriechen eigener Fürze unter der Bettdecke einen hohen Unterhaltungswert beimisst. Clowns sind die absolut unterste Sohle der Bespaßung, machen sie doch Scherze auf Kosten anderer, die in ihrer Rolle gefangen sind, sei es nun der steife Weißclown im Zirkus oder der Anzugträger auf dem Neujahrsempfang. Da kann man gleich Behinderte auf dem Bürgersteig umschubsen und sich darüber amüsieren. Besser wäre allerdings, man träte einem Walk-act-Clown

Prototyp eines Erdwärme-Außenheizgerätes: „Funktioniert prima, im Januar blüht hier schon der Löwenzahn.“

auf der Theaterpremiere mit voller Wucht gegen das Schienbein. Er wird nicht zurücktreten, denn auch er kann nicht raus aus seiner Rolle.

Frühstücken

„Hallo, hier kommen noch zwei Latte …"

Was dem Christen das Abendmahl, ist dem Großstädter das Frühstück. Weit über die Grenze notwendiger Nahrungsaufnahme hinaus zelebriert die City-Krampe das Fressen am Vormittag – wenn es denn überhaupt noch in der ersten Hälfte des Tages stattfindet. Besonders im Reich des entkoffeinierten Latte kann es auch schon mal später werden. Zumindest möchte man so lange warten, bis der erste Prosecco schon wieder reingeht ins Gedärm und vor allem dort auch eine Weile bleibt. Gegen halber zwölfe rum wackeln die sonnenbebrillten Furchenfressen aus ihren schicken Altbauwohnungen, um bei Mario oder so zu frühstücken. Da, wo man es tut, heißen die verschiedenen Fraßzusammenstellungen gern nach Filmtiteln, „Stirb langsam zwei" zum Beispiel, wenn es zum Rührei noch eine Bulette gibt. Wichtig ist, möglichst lange beim Fressen zu verweilen, denn das gilt als kultiviert. So wird aus dem Donut mit „Schlimme-Augen-Wurst" automatisch Slow-Food, wenn man ihn selber schmiert. Je später, länger und üppiger man sich durch den Sonnabend bruncht, desto kultivierter ist man. Nachmittags um vier noch an der Schrippe nagen, grenzt schon an Hochkultur. Damit auch jeder sieht, was für eine Granate man selber ist, gehört an Sonnentagen das Trottoir der Generation Wichtigheimer. Da zeigt man, was man hat. Und was nicht, zum Beispiel keine sonstigen Verpflichtungen außer fünf Stunden am Parmaschinken zuppeln. Neben sich den Weimaraner-Rüden, auf einem Stuhl „Die Zeit" oder „Cicero", auf dem anderen das leicht gegerbte Frauchen, so fläzt sich die Altbauzecke ins Rohrgestühl vor der Espresso-Lounge. Am Fahrbahnrand winseln zwei Osteuropäer zu Zimbel und Akkordeon traurige Weisen aus dem Land der untergehenden Wonne. „Ach ja, uns scheint die Sonne schon aus dem Arsch", sagen die Blicke über den Rand der Lesebrillen. Entsetzen zeigt sich in ihnen, wenn Mütter mit quengelnden Kindern vorbeihetzen, um noch bei Lidl günstige Schwartenreste fürs Wochenende einzukaufen. Frühstücken draußen an einem sonnigen Vormittag ist wie fressen und dabei Peter Zwegat gucken: Die eigene Fettlebe wird erst richtig schön, wenn man sieht, wie es auch hätte sein können.

Wegelagerer

Mit dem Klemmbrett vorm Kopf der anderen

Die Fußgängerzone, deutscher Boulevard mit einer Bekloppptensättigung von nahezu hundert Prozent. Hier trifft man alle, denen man nicht begegnen möchte: Penner, Köter, Drogendealer, Fette beim Fressen, Doofe beim Doofgucken und natürlich die Emsigen beim Rempeln. Zuweilen macht es sogar Spaß, sich dieses Bestiarium des rumlaufenden Irrsinns in Ruhe anzuschauen. Man hat sie nur nicht, die Ruhe, denn zu den jüngsten Zumutungen innerstädtischer Öffentlichkeit gehört das dauernde Angequatschtwerden. „Hätten Sie eine Minute

Zeit?“ Wehe dem, der nickt, schon hat er einen neuen Handyvertrag unterschrieben, automatisch sich verlängernd bis in die fünfte Folgegeneration. Die Drückerkolonne der Funkfernruf-Anbieter ist immerhin noch an den lustigen Jacken und den Klemmbrettern zu erkennen und kann somit umschifft werden. Schwieriger wird es bei den Moralerpressern. Unerwartet schießt eine blonde Schlange hinter der Litfaßsäule hervor und schleudert ihre giftige Zunge in meine Richtung: „Wenn Sie sich eine Minute Zeit nehmen, kann dafür ein Kind in Nordkorea vor dem Hungertod gerettet werden.“ Folgende Gedanken schießen gleichzeitig durch meinen Kopf. Wozu? Da haben doch schon die Erwachsenen nicht genug zu fressen. Aber auch: Eins pro Minute, macht sechzig die Stunde, 1440 den Tag, ’ne gute halbe Millionen im Jahr. Sieh an, da könnte also ich unbedeutender Wicht aus Deutschland alle nordkoreanischen Kinder retten, wenn ich ein Jahr lang in der Fußgängerzone stehen bliebe. Ein unglaubliches Gefühl der Macht durchflutet mich, doch der Preis ist zu hoch, ich schlendere weiter an einem Informationsstand zum Thema „Spätfolgen der Onanie“ vorbei. Aus den Augenwinkeln glaube ich, dort ein Foto von Roland Koch entdeckt zu haben. Umso schneller wird mein Schritt, beinahe wäre ich einer Blitzumfrage-Maid in die Hände gefallen, Thema: „Was halten Sie vom Gesetz der Gravitation? Behalten oder Abschaffen!“ Da steckt doch die FDP dahinter in ihrem Kampf gegen die Bürokratie! Acht Flugblätter hat man mir unterdessen in die Hand gedrückt: Pizza-Abholservice, Tierschutzgegner, Anti-Aging-Bürgerinitiative, Greenpeace, Rotes Kreuz, Gelbe Seiten, und die Weißen Mäuse haben ’ne Grüne Minna als Informationsmobil zum Haftantritt irgendwo aufgestellt – Sie sind herzlich eingeladen. Jetzt noch ’ne picklige Gospelgruppe und ein Clownsgesicht mit halbtotem Lama links der Spendenbüchse, dann reicht es einem aber sicher wieder mal für heute mit der Freakshow in der Fußi-Zone.

Röhren-TV

Flatscreen, Flatrate, Flatbrain, Flatbreast … geh mir doch los!

Es gibt Zeiten, da glaube ich doch an ein höheres Wesen, nur nicht an Gott, sondern an Riesenarschloch. Riesenarschloch hält alle Menschen an Marionettenfäden und steuert sie dorthin, wo es ihm gerade passt. Naturgemäß ins größtmögliche Elend oder in den Hort maximaler Verblödung, und in Medieneinzelhandelsgeschäfte, die Flachbildschirme feilbieten. In lemminghafter Trance wackeln die Verbraucher-Morlocks in die Media-Saturn-Märkte, um kurz darauf mit einem teuren Haufen Elektroschrott wieder daraus hervorzukriechen. Dieser Schrott nennt sich LCD-Flatscreen oder Plasma-TV und produziert ein quietschbuntes Gepixel auf die Platte, dass es einen graust. Ist die Verblödung tatsächlich so weit fortgeschritten, dass die Morlocks ihren eigenen Sinnen weniger trauen als der Werbung, die vom gestochen scharfen Bild der neuen Technologie rumfusselt? Für die wenigen Restprimaten unter den Kunden ist mit einem Blick ersichtlich, dass die Flachglotze gegen das Bild der Braunschen Röhre keine Schnitte hat. Doch seit die ARD statt des hochinformativen Testbilds lieber Anne Will und ähnlichen Schwachsinn versendet, kommt sie ihrem Auftrag der Volksbildung nicht mehr nach. Die Folgen sind verheerend. Die ganzen GEZ-Hamster kaufen sich das neue technische Brett vor ihrem Kopf, und wer noch einen Röhrenfernseher kaufen möchte, guckt in dieselbe oder eben gerade nicht. Es gibt keinen Hersteller mehr, der noch qualitativ hochwertige TV-Geräte produziert, stattdessen nur noch Flachschrott oder asiatische Billigwinzigröhre. Passend zum Programm hat sich das Hirn der Furzfressen vor dem Gerät so weit zurückgebildet, dass sie in jeden Scheiß reinstarren, Hauptsache bunt und wackelt. Interessant, was sich die doofen Hamster so alles bieten lassen. Da wird schwuppdiwupp der Familienaltar gegen eine schlechtere Technologie ausgetauscht, und statt Mahnwachen vor Elektrofachgeschäften abzuhalten, schmeißen die Idioten ihren guten Röhrenfernseher aus dem Fenster und kaufen sich die grelle Flimmerkiste. Vielen Dank auch.

Europa

Das Abendland. Damit ist alles gesagt.

Wie viel Regierungen brauchen wir eigentlich zum Unglücklichsein? Die Stadt, das Land, den Bund und dann noch obendrauf Europa. Wer zu müde ist für Berlin, der wird in die Sträflingskolonie Brüssel abgeschoben und sitzt dort den Rest seiner Karriere ab. Das Abklingbecken für die Stoibers und Bütikofers eines jeden Landes funktioniert leider nur sehr bedingt. Statt die Insassen wie in jedem normalen Pflegeheim schon am frühen Morgen mit Sedativa vollzupumpen, springen sie frank und frei auf den Fluren rum. Einziges Zugeständnis an den verwirrten Zustand der Häftlinge ist Straßburg. Dort gibt es Brüssel nämlich noch mal. Einmal pro Monat machen die Heimbewohner zusammen mit den Pflegern und Wärtern einen Ausflug ins Elsass. Sie sitzen stundenlang in der Bimmelbahn und essen Butterbrote. Wenn sie dann endlich da sind, steht am Ziel der gleiche Mist wie zu Haus, nämlich ein als Straßburg umfrisiertes zweites Brüssel. Spätestens jetzt denkt auch der EU-Neuling, er ist tatsächlich plemplem. Und ist die Vernunft erst mal ruiniert, regiert sichs noch mal so ungeniert. Schon auf der Rückreise hagelt es die ersten Gesetzesinitiativen. „Mit was scheißen wir ihnen als Nächstes vor den Koffer", brüllt ein angetrunkener Grieche durchs Abteil. „Saufen verbieten, und zwar auch in Einraumkneipen", kreischt eine kommissarische Sachertorte zwischen zwei Schlucken aus der Prosecco-Pulle. Als der Zug endlich angekommen ist, sind zwei Ordner vollgekrickelt mit den bescheuertsten Regeln für das menschliche Zusammenleben, seit Moses die Zehn Gebote gefälscht hat. So soll ab 2014 die Schwangerschaft in ganz Europa einheitlich auf 8,92 Monate festgelegt werden. In der zweiten Stufe des Antidiskriminiergesetzes wird nicht unter zehn Jahren eingebuchtet, wer eine Frau als Frau anredet, weil sie eine Frau ist. In der dritten Stufe ab 2020 haben behinderte Männer aus Parallel-Ethnien ein Recht darauf, von Vermietern geschwängert zu werden, ohne dass der muckt. Besonders beim letzten Gesetz lachen sich alle im Zug einen halben Ast ins trockene Gebälk unter der Frisur. Damit auch die Autofahrer nicht vergessen, wo Brüssel liegt, sind schon ab nächstem Jahr Warnaufkleber Vorschrift, die mindestens ein Drittel der Fläche des Pkw einnehmen: „Autos töten Menschen und verursachen Hämmorrhoiden." Die ganze EU wird 2013 zur Umweltzone deklariert, bis auf Rumänien, da kann man den Menschen nicht auch noch den Feinstaub nehmen. Irland ist total pleite und wird für vogelfrei erklärt, und ab 2012 wird dort der Afghanistan-Krieg ausgetragen. Ist auch nicht so weit, und die Taliban haben schon gesagt, sie wären auf jeden Fall dabei. So geht ein erfolgreicher Tag in Brüssel dem Ende zu, und alle Bekloppten sind jetzt eigentlich hundemüde. Aber was solls, in der bayrischen Landesvertretung ist heute Wettpinkeln mit Horst Seehofer. Komm, da gehen wir alle noch hin und saufen uns die Gesetze des Tages schön.

Spamsociety

Infotainment als Junkfood für den Brägen

Das finstere Mittelalter war nicht deshalb finster, weil die Erfindung der Glühbirne noch ausstand, sondern weil alle doof waren. Man musste glauben, was der Pfaffe sich zusammenlog, die Erde war eine Wurstscheibe und das eigene klägliche Dasein gottgewollt. Mit der Erfindung des Buchdrucks begann die Befreiung der Doofen aus der nicht nur selbst verschuldeten Unmündigkeit. Aus denen, die's wissen wollten, wurde das Bildungsbürgertum, aus uns allen im 20. Jahrhundert die Informationsgesellschaft und jetzt im 21. hängt uns die Scheiße schon zum Halse raus, denn wir leben in der Spamsociety. Die Menge der zu uns vordringenden Daten hat ein Ausmaß erreicht, dass wir alles erst mal unter Spamverdacht stellen, was uns zu Bewusstsein gelangen will, ohne dass wir es wollen. Es ist beileibe nicht nur die E-Mail mit den Tipps zur Schwanzverlängerung, die im Kopf den Spamfilter einschaltet. Auch der Zausel mit der Pennerpostille in der S-Bahn wird genauso weggefiltert wie das Dutzend tote Iraker, das schon wieder vor uns auf dem Frühstückstisch liegt. Alles Spam, alles ab in die Tonne. Je leichter der Zugang zum Wissen dieser Welt sich gestaltet, desto abweisender reagieren wir auf ungewollte Inkenntnissetzung. Wenn ich wissen will, wie es dem Volk der Lepras am Jenissei geht, kann ich das jederzeit im Internet nachschauen. Das muss mir also nicht jemand morgens in der S-Bahn vorsingen. Kann sein, dass mich das auch nie interessieren wird. Die Masse der gleichwertig moralisch ergreifenden Geschichten ist so groß geworden, dass immer mehr Menschen vor dem ganzen Elend den Spamfilter rücken. Jede Nachricht buhlt um die Aufmerksamkeit der Massen, und niemand muss neugierig sein, um täglich mehr Informationen in sich aufzunehmen als Alexander von Humboldt sein ganzes Leben lang. Durch den Überfluss wird alles zum Junkfood für den Brägen, was zu uns vordringt, Nachrichten verlieren ihren Wert, Wissen wird zum Ballast. Darum ist das einzig noch verbliebene Einfallstor zum Hirn der Menschen dessen Arsch, und zwar der, in den der Zucker reingeblasen wird. Infotainment heißt die rektale Darreichungsform dröger Daten, und sie wird alles unter sich begraben, was heute noch einen auf seriös macht. In Russland werden die Abendnachrichten bereits nackt verlesen. Bei uns wird wohl Günther Jauch bald raten lassen, wie viel Iraker heute tot sind, damit es überhaupt noch einen interessiert und der Spamfilter nicht schon vorher dichtmacht.

DIE FRAU

„Woman", dachte ich so vor mich hin, als ich vom Zeitungskiosk in meine behagliche Wohnung zurückkehrte, „war das nicht früher mal ein Waffenmagazin." Alles ändert sich in der schnelllebigen Welt und beileibe nicht immer zum Vorteil, liebe Freunde.

Eklige Musik

„Wir lassen uns das Singen nicht verbiehieten“

Seit Erfindung des elektrodynamischen Schallwandlers, geläufig Lautsprecher, ist es vor allem die Konservenmusik, die den Frieden auf Erden nachhaltig irritiert. Kein Ort nirgends, an dem man nicht beschallt, zugesäuselt oder angebrüllt wird. Bei aller berechtigten Abscheu vor der elektrischen Wiedergabe darf doch nicht vergessen werden, dass für Geräte generell die Unschuldsvermutung gilt. Denn hinter jedem Apparat lauert ein Mensch. Hinter jedem Verstärkerknopf ein Mini-GröFaZ, der ihn bis zum Anschlag aufreißt. Letztliche Ursache musikalischer Umweltverschmutzung ist allerdings die Musik selbst, und da gilt es einmal die Liste der widerwärtigsten Stilrichtungen aufzumachen. Ganz oben steht da seit Jahrzehnten das Dixilandgetröte, der Soundtrack der Sozialdemokratie, dicht gefolgt von einem anderen Instrumentalstil, dem Klezmer-Klarinetten-Gejaule, das man als Deutscher aus lauter Scham irgendwie gut finden muss. Im gesanglichen Fach dominiert der Shantychor die Liste der Ekelmusik, primitives Brüllen dämlicher Texte in bescheuerten Klamotten. Da haben es andere schwer, gegenanzukommen. Doch eine Gruppe ist auf dem besten Weg: die Gospelchöre mit ihrer süßlichen Fröhlichkeit. Ist da denn nirgends ein aufgeklärter Rassist, der Menschen mit weißer Hautfarbe das Dschieses-Frohlocken verbietet. Letztlich ist nichts dagegen einzuwenden, dass alle diese Irregeleiteten ihrem Gesangshobby im stillen Übungsraume frönen. Doch abertausend Stadtfeste und verkaufsoffene Autohäuser locken die tirilierenden Untoten ans Tageslicht. Und weil der Hobbymusiker so schön billig ist, wird ihm bereitwillig die Bühne be-

„Man muss es sich nur ganz doll wünschen!“

reitet. Dort klampfen sie dann zum Lobe Troubadix, nur dass niemand sie mit einem toten Fisch erschlägt. – Blockflötenden Kindern mag man die mangelnde Beherrschung des an sich und überhaupt völlig überflüssigen Instruments noch verzeihen, schmierbäuchigen Graubärten allerdings nicht. Was der Brut die Blockflöte ist dem gereiften Manne die E-Gitarre. Auf jener zupft er die Chartbuster seiner Jugend, und auf dem Plakat des Stadtteilfestes firmiert seine Combo als „Ehrliche Rockmusik mit der Hand gemacht" – Dass der Kopf nicht mit im Spiel war, hatte man schon vermutet. Nichts dagegen, dass es sich die Graubärte mit der Hand machen, doch muss es ausgerechnet Musik sein? Es gäbe noch viele zu beschimpfen, die Blues-Combos, die Mittelalter-Winsler, die nachgemachten Inkas mit der Bambusflöte und überhaupt jeden, der sich ungefragt ans Klavier setzt. Aber irgendwo muss mal Schluss sein.

Kalkulierte Tabubrüche

Hitler war nicht Mitglied der NSDAP

„Die SPD hat in Deutschland bisher mehr Schaden angerichtet als die NPD." Das hat bisher noch keiner gesagt, würde sich als Aufreger der Woche aber mal anbieten. Diese ewig langweilige Kokettiererei mit den Alt-Nazis hängt einem ja zum Hals raus, da müssen auch mal die aktuellen Braunärsche eine Chance bekommen. Ob Eva Herman oder Kardinal Dingenskirchen, der kalkulierte Tabubruch ist nirgends so leicht wie im Land der Berufsbetroffenen. Erschreckend dabei ist vor allem, dass überhaupt Äußerungen von Eva Herman und dem Kölner Seelenwirt ernst genommen werden. Zwei mehrfach Vorbekloppte verbreiten Unsinn, aber dafür sind sie doch auch da. Viel erstaunlicher wäre es, wenn so ein Gewohnheits-Tabubrecher mal etwas halbwegs Vernünftiges sagen würde. Das geschieht aber nicht, und wir dürfen uns weiter in aller Seelenruhe aufregen. Den Nazis sei Dank, verfügen wir über einen Riesenfundus an Tabureliquien, die auch zum hundertsten Mal noch zünden. Da reicht es schon, den Bau der Autobahnen zu leugnen oder dem Mutterkreuz eine Träne nachzuweinen, und schon steht man wieder in der Zeitung. Wer es nicht so mit den Nazis hat und zu feige ist für eine Mohammed-Karikatur, dem bleibt die harmlose Gotteslästerung, zum Beispiel Madonna hängt am Kreuz, Jesus war eine Dose, der Papst spielt abends an sich rum – alles schon da gewesen und für die Warmduscher unter den Tabubrechern ein reiches Betätigungsfeld. Lobend erwähnt werden muss hier der Freistaat Bayern, der den Gotteslästerungsparagrafen im Strafgesetzbuch verschärfen will. Brav, da kann man doch ohne gleich 'ne Fatwa zu riskieren, einem obersten Monotheisten eins reinsemmeln. Die Gotteslästerung wird somit zur niederschwelligen Mohammed-Karikatur und damit auch für Beschäftigte des öffentlichen Dienstes wieder attraktiv. Theaterregisseure aus den landeseigenen Subventionsbuden können die Kreuze wieder aus der Requisite holen, einen nackten Obersturmbannführer drannageln und ihn den Hamlet-Monolog sprechen lassen. Für alle anderen, die ohne Staatsknete Dünnschiss reden wollen, bleibt als mal eben so dahingeschlenztes Tabubrüchlein die Nazi-Erwähnung. Wie wärs mit dieser: „Die Nazis waren Menschen zweiter Klasse.“ Das ist dann fast schon eher eine fürs Feuilleton. Noch zwei zum Merken: „Die SS war eine Schwulentruppe“ und „Hitler war ein hervorragend integrierter Ausländer". Da muss selbst der langjährig Betroffene einen Moment nachdenken, wenn überhaupt gegen welches Tabu denn nun verstoßen wurde.

Der Chinese

Ist nicht nur viel, sondern wird auch noch mehr

Die Frage war nie ob, sondern wie der Chinese uns fertigmachen wird. Nun wissen wir es nämlich, durch Zahnpasta, Hundefutter und Babylätzchen. Im finsteren Reich der Mitte hockt eine Milliarde Mensch in stinkigen Verschlägen und kokelt die Wegwerfprodukte für den Westen zusammen. Geschieht ihm recht dem weißen Mann, er wird zum Opfer seiner Gier nach immer billigerer Ramschware. Und da zeigt sich, was für ein schlauer Hund der Chines' doch ist. Er hungert uns nicht aus, sondern füttert uns zu Tode. Auf breiter Front führt er den Angriff gegen die Fettärsche des Westens. Zuerst fälschte er den Chronometer, mittlerweile schon die Ersatzteile für den Golf und den Airbus. Dass ihm selbst das Hundefutter nicht zu popelig ist, um davon eine schlitzäugige Replica auf den Markt zu werfen, zeigt wie ernst er es jetzt meint, der neureiche Feind.
Er steht schon mitten im Land, seine ersten Vorposten hießen Mäc-Geiz, Sonderpostenrampe und Ein-Euro-Paradies. Den gierigen Mittelstand infizierte er durch Teakholzersatzdarstellermöbel zu Hammerpreisen und fraß sich über den Garten in dessen Wohnung vor. Die Bonzen und Berater lockte der gelbe Mann mitsamt ihren Fabriken durch Hungerlöhne ins eigene Land. Dann stibitzte er ihnen die Blaupausen und feilt seither

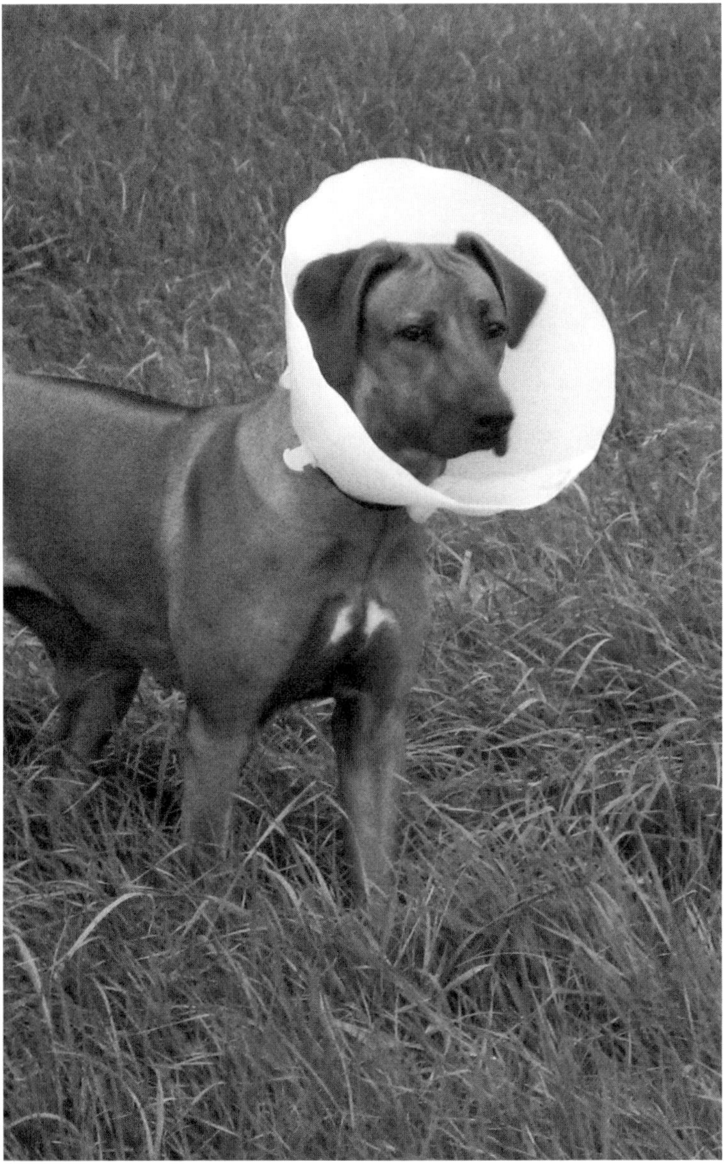

Jagdhund in Schaumburger Bauerntracht.

am eigenen Airbus-Nachbau, schnitzt sich ein Transrapid-Replikat und baut den Kampfpanzer Leo 2 aus Hundescheiße nach. Während eine halbe Milliarde Chinesen Handys lötet und an Hochtechnologieprodukten schraubt, frickelt die andere Hälfte weiter in den Baracken den Plastikramsch zusammen. Dafür gibt es so viel Devisen, dass man längst den ganzen Westen aufkaufen könnte. Tut man aber nicht, weil das Riesen-Disneyland für die chinesischen Touristen einfach witziger ist mit der Urbevölkerung dazwischen. Wenn die dreihundert Millionen Jugendlichen, die zurzeit Klaviersonaten üben, deutsche Gedichte schreiben oder französisch oben- und untenrum lernen, damit fertig sind, dann kommen Abermillionen Wanderarbeiter nach Europa und fressen uns auf. Das wärs dann mit dem Abendland. Und wie einst der Neandertaler, obwohl der Klügere, dem Chro-Magnon-Menschen weichen musste, so sind nun auch die Tage des Letzteren gezählt. Wir waren die Chinesen der Eiszeit, und nun sind wir die Neandertaler der Gegenwart. Das ist der Lauf der Geschichte, darum wollen wir uns nicht sosehr grämen. Denn wir ahnen schon, was kommt: in 40 000 Jahren spätestens, da ist beim Homo chop suey auch Sense. Na vielleicht auch schon in vierzig, wenn er seine eigene Zahnpasta benutzt.

Streik

Kindergeburtstag bei den Staatslurchen

Busse bleiben im Depot, Kitas geschlossen, die Bahn steht ausnahmsweise pünktlich im Gleis, fährt aber nicht weg. Was ist los? Die Arbeitnehmer des öffentlichen Dienstes veranstalten unter Leitung der Riesen-Zampanos Schell und Bsirske ihre alljährlichen Festspiele. Worum es dabei geht, ist mir völlig egal, denn ich bin weder Angestellter noch Arbeitgeber im Steuer verbrauchenden Sektor. Wäre also schön, wenn diese Parteien ihren offenkundigen Zwist in aller Stille regeln könnten. Noch reizender wäre es, wenn sie der Ernsthaftigkeit ihres Anliegens dadurch Nachdruck verliehen, dass sie versuchsweise auch mal den freien Sonntag für ihre merkwürdige Performance opferten. Ist aber nicht, stattdessen wird ein Werktag blaugemacht, und Millionen Unschuldige müssen zu Fuß gehen, ihr Kind einen Tag einfrieren oder vorm Lurchibunker auf die verrammelte Aluzarge starren. Nicht genug der verweigerten Demut, vom Staate unkündbar Nektar saugen zu dürfen, tragen diese Menschen ihr Anliegen auch noch in die Öffentlichkeit. Und da platzt mir dann doch der Kragen. Haben die keine Berater, wenn schon keine Fantasie? Ein paar Tausend Premium-Ager stehen vor einem Rathaus, alle tragen die gleiche Mülltüte mit einem grenzwertigen Oneliner bedruckt, sagen wir mal: „Ohne mehr Geld ist gemein." Aus einer Reihe Hochtöner quäkt richtig scheißige Musik. Zwischendurch etwas Wort von Funktionärsseite, Hauptschallerzeuger sind aber zehntausend Rasseln und Trillerpfeifen. Fünfzigjährige und solche, die sich in dem Alter seit Jahrzehnten wohl fühlen, spielen Kindergeburtstag: Trööööt, Tröööööt, rrrängggg, räännngg, rännngggg. Dazu hopsen sie in ihren Mülltüten mopsfidel vor der Bühne herum. Einer hat Bier dabei, ein anderer Schnappes in der Thermosflasche abgefüllt, tröööööt, trölööööt, „mir fordere mehr Prozente und mit fümmefuffzisch ab in Rente". Tätä, tätä! Sicher, mag alles seine Berechtigung haben, ich will es aber gar nicht wissen und noch viel weniger in Form dieses absurden Straßentheaters erzählt bekommen. Würde ich mit einer Mülltüte übergestreift in der Fußi-Zone rumtröten „Ratze ritze, ratze ritze, ich will mehr Geld für Witze" und dabei die S-Bahn am Losfahren hindern, säße ich schon im LKH, also endlich auch im öffentlichen Dienst.

Fasten

Nix Fressen mit ideologischem Überbau

Sogar die Entbehrung gehorcht dem Zeitgeist. Reichte es früher, für sieben Wochen der Cervelatwurst und ihren fettigen Schwestern abzuschwören, so verlangt heute die Fastenzeit nach gediegenerer Interpretation. Vierzig Tage lang keinen Alkohol, keine Fluppen und kein Hasch, das ist für viele Entsagung pur. Wer fromm ist und ohnehin kein Hedonist, geißelt sich gern noch mit sieben Wochen keinen Sex, dabei hatte er die restlichen fünfundvierzig eh schon keinen. Die säkulare Form der vorösterlichen Fastenzeit ist die BRIGITTE-Diät. Sie dient weniger der innerlichen Läuterung als der Speckschmelze am gereiften Frauenkörper. Müßig zu erwähnen, dass kein Gramm je verlorenging beim alljährlichen Ritual. Doch das Gewissen isst mit, und wenn die Sachertorte „Buttercremediät" genannt wird, schmeckt sie noch mal so leicht. Ganz verwegene Zeitgenossen nutzen die Wochen zwischen Aschermittwoch und Ostersonntag auch zu einem gänzlichen Verzicht auf Nahrung. „Entschlacken" heißt dieses Martyrium. Wenn zeitnah zu dessen Ende Alkohol auf den so geschwächten Körper trifft, wird man nicht selten Zeuge einer spontanen Mageneruption, wenn nicht gar der Stopfen aus der Rosette fliegt. Fastenzeit heißt Verzicht, und um eine Peinlichkeit nie verlegen, ersann die evangelische Kirche das Autofasten. Ohne Frühstück mit knurrendem Magen im Pkw zur Arbeit hetzen, ist damit nicht gemeint sondern der Verzicht aufs Auto generell. Was aber macht der U-Bahn-Nutzer? Öffi-Fasten? Verzicht auf gewohnte Lust sieht ja für jeden anders aus. Keuschheitsfasten betreibt der Zölibat-Insasse, wenn er auf die gewohnte Triebaskese verzichtet und jeden Tag die Zugehfrau übern Teppich schubbert. Altruismusfasten übt der Gutmensch, wenn er sieben Wochen lang im Kirchenasyl die Heizung runterdreht. Je untadeliger der normale Lebensentwurf, desto spannender ist die Fastenzeit. Wer streng monogam mit Mamma in der Rammelzelle haust, dem bietet das Treuefasten ungeahnte Momente des Schweinigelns an fremder Schlüpfer Gestade. Darum behaupte ich: Es ist nicht alles schlecht, was Mutter Kirche einst ersann, es bedarf nur einer zeitgemäßen Interpretation. Während der Katholik die Saturnalien am Aschermittwoch bereits hinter sich hat und wenn überhaupt irgendwas, dann seine Wunden leckt, freuen sich Agnost und Evangel auf vierzig Tage Rambazamba.

Arztsocken

Erotik-Killer jeder Swingerparty

Manchmal kotze ich mich selber an: „Wischmeyer“, sage ich dann zu mir, „du kotzt mich an. Über alles und jeden kübelst du deine hämische Jauche aus, das ist enfach nur widerwärtig.“ Okay, dann heute mal was Positives: Bei Aldi gibt es mal wieder Arztsocken, 5 Paar für 2,49, das macht 24,6 Cent pro Schweißmauke. Für den Preis kann man einen ganzen Stamm mit den begehrten Blödmannsutensilien ausrüsten. 80 % Baumwolle, aber auch 20 % des wertvollen Polyamids, das Ganze in kochfester Qualität mit handgekettelter Spitze bis hoch zur Größe 47. Immer an kommenden Sommer denken und Arztsocken bunkern. Gerade in der nach vorne offenen Breitband-Riemensandale verströmt der weiße Strumpf seinen ganzen Charme. Hier flaniert ein Fickgesicht, spricht es überdeutlich aus der Sandalette. In der Übergangszeit oder in kühlen Abendstunden trägt man gern zur Arztsocke den Collegeslipper mit lustigen Ledertroddeln dran. Auch hier ist die Botschaft nicht zu übersehen: „Bitte polier mir die blasierte Fresse“, sagt die Socke zur Welt ringsum. Nie war ein Strumpf deutlicher Ausweis erwiesener Arschmadigkeit als das weiße Fußkondom. Fast noch häßlicher allerdings ist Schwester Tennissocke. Sie unterscheidet sich vom reinweißen Original durch das aufgestickte Sportemblem. Ihr Vorteil liegt darin, dass sie auch ohne Riemensandale oder Slipper richtig scheiße aussieht. Sogar in ganz normalen Halbschuhen, beim Sitzen die Hochwasserhose schön geliftet, zeigt die Tennissocke durch den gestickten Schläger oberhalb des Knöchels, dass der Träger besser als Quark im Schaufenster liegengeblieben wäre. Sei es nun beim Tennis oder im weißen

Sport, der Medizin, fraglich ist, ob der Blödmannsstrumpf dort tatsächlich jemals Verwendung fand. Ich glaube vielmehr, er wird einzig und allein produziert, damit wir im Ausland sofort als Deutsche und Idioten zu identifizieren sind. Wer also auf Datenschutz keinen Wert legt, der möge beherzt zuschlagen: Arztsocken, fünf Paar für nur 2,49 beim Feinkosthändler mit dem Four-Letter-Word.

Pilgern

Trimm-dich-Pfade für Protheisten

Es wird wieder rumgelatscht in Gottes freier Natur. Früher hieß das „Wandern" und war durch die Verwandtschaft mit dem „Einmarschieren" bei uns etwas in Verruf geraten. Im Frühtau zu Frankreich fallera, das war nix für Teppichtasche und Körner-Ulli. Der fromme Bruder des Einmarschierens nennt sich „Pilgern", und schon wird auch für den linken Zausel ein Schuh draus. Als Kind der abendländischen Aufklärung denkt man: Wie verstrahlt muss man eigentlich sein, um Hunderte von Kilometern zu Fuß durch Nordspanien zu latschen, nicht der körperlichen Ertüchtigung halber, sondern einer katholischen Schnapsidee huldigend? Angeblich lauern am Ziel die Gebeine des heiligen Jakobus, und wenn man rechtzeitig – also vor fünfhundert Jahren – angereist wäre, hätte man sich für 'nen schmalen Taler dort einen Ablassbrief kaufen können. So bescheuert wie die Geschichte des Jakobsweges auch klingt, so wenig hält sie halbwegs vernünftig erscheinende Zeitgenossen heute davon ab, ihn zu erpilgern. Dem ganzen Phänomen muss also etwas anderes zugrunde liegen als die Reconquista der spanischen Inquisition. Es ist das tiefe Bedürfnis, sich in einer Welt der Effizienz mal eine Zeitlang einer anstrengenden Sinnlosigkeit zu widmen. Zu Tausenden zotteln die Mitteleuropäer nach Santiago de Compostela, kaufen Hape Kerkelings Kriegstagebücher, und nun gehts auch hier im Land der Ungläubigen richtig los. Jede zweite Trimm-dich-Strecke wird zum Pilgerpfad umgerubbelt und statt des frisch gezapften Pils in der Ausflugsschänke erwartet den Pilger am Ziel die innere Einkehr. Schönen Dank auch! Wobei es das Ziel zumindest für den protestantisch geläuterten Pilger gar nicht gibt, denn der glaubt ja nicht an Leichenreste von sogenannten Heiligen. Um aber den Trend nicht zu verpassen, erfanden die Evangelen ihre Form des Pilgerns und nennen es „Seelen-Wellness". Dabei latschen sie in die Runde, um ja nicht anzukommen, und denken an Bibelstellen: Nordic-Worshipping eben! Es zeigt sich wieder mal der Protestantismus als Katholenspeise ohne die Gewürzbeimischung. War bislang der Motorradgottesdienst die absurdeste Form der Glaubensausübung, so dürfte im Zuge steigender Benzinpreise dem Gebet mit den Füßen (Originalzitat) die Zukunft gehören. Doch längst hat das in sich gekehrte Wandern den sakralen Raum verlassen, und man pilgert schon von Museum zu Museum oder nächtens durch die gesperrte Innenstadt. Auf Schusters Rappen wurde der höchste Berg der Erde bestiegen, darum wäre es doch gelacht, wenn wir nicht zu Fuß auch die Zukunft meistern würden. Da uns dort der Abstieg erwartet, ist „zu Fuß" nicht die schlechteste Idee, geht immerhin langsamer!

Da haben wir den Beweis:
Frauen sind Schweine – im Gegenwert von 20 Cent sauen sie den Lokus mehr zu als die wesentlich reinlicheren Männer.

Der Hesse

Kuhhessigkeit z.B. ist eine Fehlstellung im Körperbau von Nutztieren – das muss natürlich nichts heißen

Mitten in Deutschland, umringt von ganz normalen Bundesländern liegt das Siedlungsgebiet der Hessen. Sie leben dort, weil kein anderer dort wohnen möchte, weder in der Stadt des deutschen Tapetenmuseums Kassel noch in dem stinkigen Dreckloch Frankfurt. Eigentümlich für alle hessischen Städte ist, dass sie jede für sich eine ganz eigene Art der Unattraktivität herausgebildet haben. Marburg etwa als Freilichtmuseum der studentischen Teppichtasche, in Fulda bimmelte ein behämmerter Bischof die Kirchenglocken gegen Abtreibung, Rüsselsheim baut Autos, die keiner will, in Darmstadt fühlt sich nur der Proktologe wohl, bei Oberursel möchte niemand wissen, wie Ursel untenrum aussieht, und die Landeshauptstadt Wiesbaden kennt kein Schwein. Groß ist der Unterschied zwischen Nord und Süd, das Land ist wie eine zugeschissene Windel, in der irgendwann die ganze Kacke nach unten durchsackt, bei den Hessen ins Rhein-Main-Gebiet. Dort wohnen die meisten lebenden Exemplare und zerfallen auch hier in zwei Gruppen. Zum einen die Babbel-Bembel-Zungenfresser, eine furzige Folklore-Truppe rund um den vergorenen Apfelsaft, zum anderen die politisch Einfachgestrickten in Form poststalinistischer Linker, IG-Metallern, Ex K Grüpplern, Autonomen, Nordkorea Verstehern und was weiß ich noch alles, was überlebt hat im Sumpf am Main. Auch der Gegner ist nicht ohne, hat er doch in der CDU mindestens zwei Riesenwichser hervorgebracht. Jahrzehntelang schon wetteifert Hessen mit Rheinland-Pfalz um den Titel „Heimatland des unsympathischsten oder verblödetsten Politi-

kers“. Die Pfalz hatte Kohl, Scharping und lag ein paar Monate lang mit Kurt Beck ganz weit vorn. Die Hessen hielten dagegen mit Holger Börner, Alfred Dregger, Roland Koch und haben mit Frollein Ypsilanti dann den Vogel abgeschosssen.
Den normalen Südhessen kümmert das doch recht wenig, er kämpft ums nackte Überleben. Um ihn herum alles voller Autos, über ihm das internationale Luftverkehrsdrehkreuz, neben ihm noch mehr Hessen, und jeder kämpft um dieselbe Luft zum Atmen. Damit man nicht sieht, wie stickig der Himmel ist, hat man ihn mit Hochhäusern zugestellt. Frankfurt ist wohl von allen deutschen Großstädten, in denen man nicht leben möchte, die am nichtlebenmöchtenste. Dabei ist sie doch recht klein, und ruckzuck wäre man vor den Toren der Stadt, doch was ist da? Noch mehr Stadt, jetzt heißt sie Offenbach, Prokto-City oder gar Mainz und ist schon wieder eine Hauptstadt, aber jetzt von dem anderen Land mit Doofen drin. Da bums mir doch einer ’nen Storch, wen wundert es da, dass der Hesse komplett orientierungslos durchs Leben babbelt und froh ist, wenn er beim Gehen den Bürgersteig trifft.

Piratentücher

Männer machen sich zum Johnny Depp, meistens ohne Johnny

Ja, sag mal, hab ich schon wieder etwas nicht mitgekriegt? Seit wann trägt jeder zweite Typ ein Piratentuch auf der Glatze? Also nicht nur die metrosexuellen Rumdumficker, sondern ganz normale Nackengriller laufen rum wie Jack Sparrow nach ’ner Chemo. Ich vermute mal Folgendes: Der Ü-40-Stecher hofft, mit dem Putzlappen auf der Pläte gleich zweimal über LOS zu gehen. Zum einen kaschiert der Fetzen seine Halb- bis Vollglatze und zum anderen hat sich die bierbäuchige Arschraupe plötzlich in einen schillernden Bukanier verwandelt, will sagen: Da geht wieder was an fremder Schamlippen-Gestade. Weil es aber gar zu dämlich aussieht, mit dem Piratentüchlein auf der Rübe einfach so durch den Stadtpark zu wackeln, schieben die Blödiane alle eine Rennrad neben sich her. Okay, Johnny Depp hatte nicht wirklich ein Fahrrad dabei, aber schieb mal eine spanische Galeone durch die Fußi-Zone, da weißte aber, was du getan hast am Abend. Darum muss es halt der Drahtesel tun, auch wenns ein wenig belämmert ausschaut.

Wie sooft ist übrigens auch hier gar nicht der Mann Urheber dieser Mode, sondern durchgeknallte Weiber, oder „starke Frauen“, wie man heute sagt. Die nämlich schlangen sich als Erste den Lappen um die Schläfe, vermutlich nur, um das Haarewaschen noch einen Tag rauszuzögern. Doch sieh mal einer an, beim Jour-Fix für Alleinerzogene schlug die Mode aus Verlegenheit ein wie eine Arschbombe. Kurz darauf sah man haufenweise starke Frauen wie die Stirnlappenbaselisken durch die Citys radeln. „Schau her, die Tussis“, belächelte so mancher Klötenbetreiber die tüchertragenden Tanten, Scheiße, was sehen die feminin aus. Okay, sie sind es ja aber auch, teilweise jedenfalls, das ist schon in Ordnung. Nur, auf das hehre Haupt eines Mannes, da gehört bestenfalls ein Stahlhelm, nicht wahr, aber doch kein Kopftuch. So was trägt selbst in Muselmanien nur die Frau, wo kommen wir denn da hin, können wir ja gleich im Baströckchen auf'm CDU-Parteitag rumhüpfen. Soweit die Theorie, doch dann kam „Fluch der Karibik“ mit Johnny Depp in die Kinos. Und diese aalglatte Halbschwuchtel Jack Sparrow trägt ein Kopftuch und ist trotzdem ein Mörder-Frauenankommer – meinen jedenfalls alle besteigbaren Hühner, die man so kennt. Schöner Mist! Da bleibt auch dem vierschrötigsten Tortenarsch nichts anderes übrig, als zumindest am Wochenende mit dem albernen Putzlappen auf der Halbglatze rumzulaufen. Hoffentlich gibt es nie einen Film mit Daniel Craig, in dem er einen rosa Hüfthalter trägt und dabei aussieht, als bestände er aus nichts als Testosteron.

Sondervergnügungszonen

Gleichbekloppte unter sich im Gehege

Der Mensch, das asoziale Wesen, geht sich gegenseitig schwer auf die Nüsse, insbesonders dort, wo ihn die Freizeit reitet. Was des einen Pläsir, ist des Nächsten Belästigung. Darum werden allerorten Sondervergnügungszonen für nerviges Rumgemache eingerichtet. Klassiker des Freizeitgeheges ist der FKK-Strand. Aus-dem-Leim-Geratene aller Alters- und Gewichtsklassen hopsen quietschvergnügt und nackig in den Dünen rum. Nicht jeden freut der Anblick, darum bleiben hühneriger Pimmel und Riesentitte hinterm Zaun verborgen. Nackig hopst es sich allerdings nicht nur am Strand so nett, sondern auch der Nacktjogger möchte ein eigenes Gehege. Das findet er im Harz, dort darf geschützt vor angeekelten Blicken der Piephahn frei durchs Unterholz swingen. Im Wald noch freie Flächen abzustecken, wird zunehmend schwieriger. Längst haben Mountainbiker, Reiter, Greifvogelhorstbewacher und Magerrasenschützer ihre Claims abgesteckt. Wo bleibt da die Freiheit, einfach mal so durch den

Forst zu streifen? Und warum gibts noch keine Frauenwanderwege, die sind doch sonst für jeden Scheiß zu haben? Der Hund zumindest hat den Trend der Zeit erkannt und sich den ersten deutschen Hundewald gesichert. Herrchen darf zwar auch mit rein, anleinen gilt aber nicht. Dort wo die Natur nur spärlich sprießt, in den Städten, wird der Kampf um die freien Plätze noch mehr zunehmen. Kindern wird traditionell der größte Raum zugestanden, allerdings zu dem Preis, das Terrain mit anderen teilen zu müssen, mit Drogendealern, Hundekotabsetzwilligen, Säufern, Pennern und Migrantenlümmeln. Als übrigens auch noch die Rentner an den Geräten rumhampelten, wurde es den Stadtvätern zu bunt, und sie richteten Seniorenspielplätze für die Ü-70-Auswahl ein. Auch hier meine nicht unberechtigte Frage: Warum gibt es keine Frauenspielplätze, also nicht an denen rum, sondern für die allein? Oder noch besser Joggingwaldpfade für nackte Seniorinnen mit Hund? Als Mann jedenfalls darf man nicht auf eigene Reservate hoffen, weder wird es schattige Plätze für uns geben, um nackig Bier zu schlabbern, noch einen eigenen Männerwald, in dem man ohne Anzeige öffentlichen Ärgernisses an Bäume pinkeln darf. Die Welt ist wie eine Sauna – dort gibt es auch nur „Für Frauen“ und „gemischt“. Ich überlege ernsthaft, den Passus für Geschlecht im Personalausweis bei mir in „gemischt“ zu ändern.

Das Ende von normal

Ist oft der Anfang von bescheuert

Als Letztes unterwerfen sich die Zapfsäulen dem Zeitgeist, auch dort wird es bald kein NORMAL mehr geben. Schon seit geraumer Zeit ist es politisch äußerst unkorrekt, seine sexuelle Präferenz als „normal“ zu bezeichnen, auch wenn sich 95 % der Republikinsassen noch immer gegen das gleichgeschlechtliche Aneinanderrumgemache sträuben, normal ist das dann noch lange nicht. Vielleicht ist auch der Begriff unglücklich gewählt, erinnert er doch zu sehr an „normiert“, will im Deutschen aber eigentlich nur sagen, „das ist der Regelfall“. Sosehr man dem Alleinerzogenen auch eine erfolgreiche Jugend allein mit Mammi wünscht, normal ist das nicht, will sagen, noch nicht der Regelfall. Doch wer es sagt, wird ein Chauvi gescholten. Das Normale ist der Nazi-Vorwurf unter den alltäglichen Begriffen. Kein Wunder, dass auch die Produktanbieter mit ihrem Gespür für den Zeitgeist das Normale aus den Regalen geräumt haben. Shampoo gegen Spliss, fettiges Haar, Schuppen, Kopfhauträude und blondierte Sackbehaarung gibt es zuhauf, nur gegen normales Haar ist, so scheint es, kein Kraut gewachsen. Normale Butter existiert eben noch, irgendwo versteckt zwischen halbfett, viertelfett, laktosefrei und cholesterinreduzierter Butterersatz-Tofustreichpampe. Der Joghurt ist schon lange nicht mehr normal, sondern dreht sich linksrum und beherbergt merkwürdige Buchstaben in sich drin. Das Waschmittel gab es einst auch für normale Wäsche, die muss jetzt selber sehen, wie sie sauber wird. Es gibt nur noch Mittel für Color- oder Synthetikwäsche, für oder gegen empfindliche Textilien, form- und farbstabile Megaperls und, o Wunder, auch ein Buntwaschmittel für

weiße Wäsche – gegen das Ergrauen. Das gute alte „normale“ Vollwaschmittel wird nur noch für allein lebende Männer angeboten. Normal ist out, Schokoladenesser wissen das mehr als alle anderen. Die simple Vollmilch-Nuss weicht den Hot-Chili-Grenadines und Lemon-Pepper-Kreationen. Das normale Pils hat längst verloren gegen Becks Cheese and Onions und wie die ganze Zeitgeistbrühe heißt.
Nur in den Exklaven des Mainstreams begegnet uns manchmal noch das Normale. Bestellt man in einer deutschen Touristenschänke irgendwo am Rhein oder im Harz einen Cappuccino, so folgt nicht selten die Frage „normal oder mit Milch“. Wie? Nicht mit Milch? Mit was sonst, mit Benzin, mit Lama-Pisse? Nein, viel schlimmer, mit Sprühsahne. Hier gehört man dann gern zu den Nicht-Normalen.

Land der Häme

Neid der mit dem Klammerbeutel Gepuderten auf die mit dem Puderquast Gebeutelten

Wenn sich Hochmut und tiefer Fall zu einer Summe addieren, dann entsteht an anderer Stelle Häme, ein Sonderfall des Spottes unter Einschluss der Schadenfreude, wie das Lexikon weiß. Doch das weiß nicht alles, denn zur Häme gehört nicht nur die eine arrogante Arschgeige, die auf die Schnauze fliegt, sondern vor allem die vielen Zukurzgekommenen und die, die sich dafür halten. Und das ist fast ganz Deutschland. Jeder zweite von den dämlichen Pickelausdrückern dieser Nation meint ja, er sei was Besseres und die Gesellschaft ihm was schuldig.

Helmut, begeisterter Eisenbahn-Fotograf,

packte in diesem Moment die Mordlust.

Die einen halten sich für verkannte Popstars, die anderen für Globalisierungsopfer oder für Frauen – egal, Hauptsache gebeutelt vom Schicksal. Der stete Blick richtet sich auf die Vermögenden, die Schönen, auf jene, die monatlich hoch fünfstellig absahnen. Wenn die dann auch noch ihr Geld vor dem raubgierigen Fiskus in Sicherheit bringen, dann wandelt sich Neid in Hass. Werden sie erwischt, wird aus Hass die Häme. Zwei Dinge sind es, durch die der normale Enddarmbetreiber bereit ist, jemandem Erfolg und/oder Wohlstand zu verzeihen: Derjenige ist mit einer schrappigen alten Else verheiratet, oder er wird vom Staat geschröpft. Ausnahmen bilden Popstars und Fußballer, bei denen weiß man, es wird ein schlechtes Ende nehmen, und man ist beruhigt. Jede Gesellschaft hat ein Interesse daran, zuweilen ein Menschenopfer aus der ersten Reihe darzubringen. So wird dem Volk signalisiert, dass da oben auch nicht alles eitel Sonnenschein ist, und es froh sein kann, unten zu sein. In Diktaturen wird regelmäßig einer aus der Schweinehorde rausgeschossen wie Robespierre, Trotzky oder Röhm. Putin schickt als Nächsten Abramowitsch ins ferne Sibirien, und im sitzpisserigen Deutschland wurde immerhin Zumwinkels Inhaftierung am Fernsehschirm gezeigt. Seit Eva Herman bei Kerner, Schuldnerberatern und dem Dschungelcamp wissen wir, dass im Fernsehen gezeigt werden die Höchststrafe ist, das Sibirien der Mediendemokratie. Da sitzt die Pissetrinkernation zu Hause auf dem Sofa und kichert sich hämisch einen Wolf.

Einlagern

Die Zeitkapseln der Wegwerfschisser

Als der Mensch sesshaft wurde, lebte er noch mit Weib, Opa, Bälgern, Vieh und Grünfutter unter einem Dach. Jeglicher Besitz wurde auf engstem Raum zusammengepfercht. Was man nicht mehr brauchte, die Exkremente, derer entledigte man sich draußen. Heute scheißt man in die Wohnung, der ganze Besitz und die Verwandtschaft wird dagegen ausgelagert. Opa und Oma kommen in den Siechenbunker, die Infanten ins Internat – oder den Jugendknast –, je nach Einkommen der Eltern, und der Krempel wandert ins Möbellager. Zurück bleibt eine auf die Kernkompetenzen reduzierte Wohnung, für die drei großen Körperöffnungen je ein Zimmer, eines zum Nudeln fressen, in Numero zwo wird der morgendliche Otto abgeprotzt und das Dritte ist für die Abschleppstange und ihre Gelüste. Trotz des supercoolen Lean-Livings spült der Konsum jede Menge Unrat in den Asketentempel. Allein die Nicht-Futter-Abteilung des Kaffeerösters will wöchentlich abgemolken sein, hinzu kommen Memorabilia abgelegter Elsen, Unterhosen einstiger Spitzenhengste und die hässlichen Weihnachtsgeschenke von Mama. Alles Dinge, die man nie mehr um sich wissen möchte, aber sich auch nicht wegzuschmeißen traut. Für den Wegwerfschisser hält der Dienstleistungssektor ein neues Produkt bereit. Im Gegenwert von gerade mal zehn Litern Latte macchiato lässt sich in jeder größeren Angeberstadt ein Containerchen mieten, in dem der Krempel seine letzte Ruhe findet. Nie wieder bekommt man von Muttis kotzegrüner Vase gleichfarbige Pickel bei deren Anblick, nie wieder fault ein ungelesener Walser oder Handke noch in Wurstpelle eingeschweißt seinem verdienten

Ende entgegen. Schön und rein ruht das Palisanderbord an getupfter Wand, lediglich beschwert durch ein filigranes Ferrarimodell. Sogar das Rolf-Benz-Nubukledersofa kann endlich aufatmen, der robuste Eiche-Kurbeltisch mit den braunen Fliesen ruht auch im stählernen Sarg von Private-Storage. Aus den Augen, aus dem Sinn, nur der Kontoauszug hält noch die Erinnerung, so hinterlegt der Hasenfuß überall Zeitbomben seines Daseins bei Shurestore oder Rent-a-Store. Ich fands ehrlicher, als man noch bei Möbel-Willi seine alten Klamotten zum Einlagern weggab. „Einlagern", was für ein typisch deutsches Wort für alles, das die schöne deutsche Zucht und Ordnung stört.

Hitler-Puppe

Aufrechte Deutsche bekämpfen eine Wachsfigur

Was war passiert? Ist in Berlin eine Bronzestatue des Gröfaz eingeweiht worden? Wundern würde es einen nicht, steht doch ganz Berlin bald voller Ehren- und Denkmälern, und lange wird es wohl auch nicht mehr dauern, bis der Österreicher Adolf Hitler als erstes Opfer des Nationalsozialismus anerkannt wird. War aber gar nicht Bronze, sondern Wachs, nicht gerade der Werkstoff, aus dem Helden geformt werden. Dennoch ist der Aufschrei groß unter dem Bedenken tragenden Teil der Bevölkerung, als bei Madame Tussaud plötzlich und unerwartet Old Atze wächsern hinterm Schreibtisch sitzt. Ein ganz Verwegener schlägt ihm sogar die Runkel von den Schultern. Das absurde Schauspiel rund ums Hitler-Bild zeigt einmal mehr, wie unheilbar bescheuert die Meinungsemittierende Schicht in Deutschland mittlerweile ist. Jetzt wollen die Trottel schon Wachsfiguren verhindern. Um den Voodoo-Glauben vollkommen zu machen, schlage ich vor, dem restaurierten Hitler ein paar Stricknadeln ins Herz und durch den Kopf zu pieksen, vielleicht lässt sich so nachträglich noch der Zweite Weltkrieg verhindern. Ein ganzes Volk benimmt sich wie ein Haufen verschreckter Eingeborener, weil Nazi-Opa zum ersten Mal seit über 60 Jahren wieder körperlich erscheint. In der Fläche ist der Gröfaz ja fast so präsent wie vor 1945, im Fernsehen sogar noch öfter zu sehen als damals. Das ganze ZDF schien eine Zeit lang nur aus Johannes B. Kerner und Guido H. Knopp zu bestehen. Auf der Bühne, im Film, im Buch alles voller Schickelgrubers Adolf – und niemand stört sich dran. Wehe dem aber, der Leibhaftige kehrt in die dritte Dimension zurück, huharhararar Grusel, Abscheu. Wer weiß, vielleicht steigt Mephisto aus der Hölle herauf und haucht dem Wächsernen seine alte Seele wieder ein. Und dann kriecht der Führer aus Paraffin hinter seinem Schreibtisch hervor und vernichtet alle anderen Wachsfiguren um ihn herum. Oder was befürchten die Voodoopriester des gelebten Antifaschismus? Erstaunlich und erschreckend an dem ganzen absurden Theater ist, was und wer im Land der Bekloppten Bestürzung hervorruft. Eine Führerpuppe ist ibah, wenn aber ein selbsternannter Plastinator in Deutschland aus echten Menschenteilen Dioramen formt, die einem Vernichtungslager verteufelt ähneln, dann geht das in Ordnung. Versteh ich nicht!

DER GLAMOUR

Heinz Rudolf Kunze oder Max Mutzke, wollen wir diese Namen wirklich hören, sehnen wir uns nicht vielmehr nach dem Glamour eines Randolph Rose oder der schlichten Schönheit eines Roy Black. Ich für meinen Teil hab sogar meinen Frieden geschlossen mit Rex Gildo.

Spenden

Ablassbriefe, die sogar das Finanzamt akzeptiert

Ein Volk von Egoisten, Geizkragen und Betrügern, und dennoch spenden sie vier Milliarden Euro jährlich. Wie passt das zusammen? Nun ist es hier wie auch sonst immer hilfreich, zuerst nach den niederen Motiven zu suchen, ehe man in den Bereich des moralischen Geschwurbels abdriftet. Der Mann mit dem quadratmetergroßen Scheck in der Hand, abgelichtet vom Lokalreporter, weiß, wofür ers tut. Fünfhundert Euro gespendet, ein paar tausend gespart, denn so viel ist die Werbung für die Sparkasse wert, die ihm dieses Foto einbringt. Ein bisschen „Schärriti" wie man neudeutsch sagt, gehört zum guten Ton, nur darf der Bespendete nicht allzu eklig sein. Am besten sind Kinder oder arbeitslose Tiere. Nur wem die Unschuldsvermutung ins Gesicht geschrieben steht, eignet sich zur Projektionsfläche des Sich-gut-Fühlens als Mensch. Wer einem obdachlosen Säufer einen Fünfer in den Teller wirft, mahnt denn auch gerne mal: „Aber nicht für Alkohol ausgeben." Für was denn wohl sonst, für ein gutes Buch? Niemand trennt sich gern von seinem Geld, und wenn, dann will er dafür etwas haben. Spenden sollen deshalb „bei den Richtigen ankommen", also den unschuldig in Not Geratenen. Am beliebtesten sind Opfer von Naturkatastrophen. Armut, Hunger, Krankheit funktioniert eigentlich nur, wenn man sie mit dem Faktor Kind malnimmt. Tier, Natur, Umwelt geht, wenn die Tiere im weitesten Sinne streichelbar sind und die Natur zum erhabenen Landschaftsbild taugt. Spenden für den Blauwal ja, aber nicht für den Parasiten, der endemisch in seinem Arsche lebt und nach dessen Aussterben einer Umschulung auf anderer Säuger Ärsche dringend bedürfte. Niemand gibt seine sauer verdienten Penunzen für die Armen, Kranken und Hungernden, wenn er sich nicht in deren Genesung moralisch sonnen könnte. Den Mittlern der Mildtätigkeit obliegt besondere Sorgfalt. Sie müssen den Eigennutz an der Nächstenliebe noch besser verstecken, als es der Spender vor sich selbst tut. Tun sie das nicht, wie seinerzeit UNICEF, sind sie über Nacht zur fiesen Adresse geworden. Die Krümel für den armen Lazarus fegt man besser komplett vom Tisch und mästet nicht sich selber damit fett.

Dschungelcamp

Krötenklöten lutschen für die Quote

Man nehme einen schwulen Wombat und ein blondes Tittentragegestell und werfe die beiden Vorstufen des Homo sapiens in eine Urwalddeko. Was braucht man noch? Vermoderte Z-Promis, die um ihre Wiederauferstehung betteln und dafür die Klöten ihrer eigenen Oma auffressen würden – fertig ist das Dschungelcamp – und an sich eine ganz hübsche Sendung. Warum haben da nur wieder alle was zu meckern an diesem netten Familienformat? Gut, was die da mit dem armen Serben Bata Illic anstellten, war etwas jenseits der Menschenwürde. Hat der Mann nicht schon genug gelitten unter Milošević? Oder war es Peter Handke? Ist auch egal. Aber die anderen Arschtrompeten passten doch wunderbar in die Sendung – und vor allem auch in die Zeit. Heute, da jeder versiffte Joghurtbecher schon in den Wertstoffsack gehört, schmeißt man die zerbeulten Promis von vorgestern auch nicht einfach auf die Deponie. Noch der letzte

Popularitätspartikel wird ausgepresst, bevor die leere Hülle in den Schredder der Vergänglichkeit wandert. Wer zum Teufel war Eike Immel? Aber nach einer Woche Rattensperma sabbern oder so, steht der ehemalige Nationaltorwart wieder vor uns, als sei es gestern gewesen, da er mit dem VfB Stuttgart die Meisterschale rumzeigte. Kurz bevor das Promi-Lichtlein komplett erloschen ist, kommt RTL daher und bläst wieder in die Glut. Und siehe da, es regt sich noch was in der Asche! Halbwegs vorzeigbare Titten werden unterm Pullover entdeckt, die smarte Grinsefresse von anno dunnemals entpuppt sich als Riesenarschloch. Und alle, die da Spinnen fressen und den Kakerlaken die Eier glasig lutschen, alle diese jämmerlichen Pissetrinker haben wir einst bewundert. Ist es nicht schön, zu Hause vorm Gerät zu kauern und jene, die einst ganz oben waren, in ihren schwärzesten Stunden zu sehen? Auch wenn es nur gespielt ist und jede Promi-Mumie einen Batzen Geld fürs rustikale Kerbtier-Buffet einstecken darf, wir schauens mit Wohlgefallen.

Doch ach, o Schreck, was ist, wenn uns die schlichte Madenspeise nicht mehr reicht, wenn der schwule Wombat und das Tittentragegestell nicht mehr den wohligen Ekel in uns hervorzurufen imstande sind. Ja dann muss die nächste Riege Promis den Bandwurm live aus dem eigenen Enddarm lutschen, und hier wird es selbst mir ein wenig zu eklig, sodass ich vor meinem eigenen Text ein Stück weit brechen muss.

DIE SPRACHE

Fuß, Wurst, Brustwarze, Stinkwurz, Zurrgurtöse, Brät, Prütt, Knöterich, dröseln, Knut, Würgereiz, Stabsunteroffizier, Jürgen, Gleichstellungsbeauftragte, Jörch … manchmal möchte man aus reiner Verzweiflung finnisch lernen.

Single-Börsen

Wenn die Hausse in die Hose geht

Was unterscheidet den Single am deutlichsten vom Nicht-Single? Das geradezu manische Bestreben, seinen Status zu verlieren. Dafür ist er bereit, fast alles zu tun. Findige Unternehmer nutzen bereits die unendliche Prostitutionsbereitschaft der Alleinstehenden, um eklige Arbeiten kostengünstig erledigen zu lassen. Will sich so recht niemand finden, die zugekackten Plaste-Toiletten an der Autobahnbaustelle zu reinigen, reicht eine Annonce in der Single-Börse: „Lerne deinen Traumpartner fürs Leben in Extremsituation kennen – zwei Tage 385 Euro." Schon rückt eine Rotte genitaler Ladenhüter an, um beim Scheißeschrubben Meister Propper zu begegnen. Singles kochen zusammen, wandern, surfen und kaufen ein. Sie machen allen möglichen Mist, um sich in ungezwungener Atmosphäre als nagelbares Produkt anzupreisen. Dabei wäre es doch viel einfacher, sich das Rumgekoche gleich zu schenken und 'ne Stunde Rudelbumsen anzusetzen – so wüsste man doch viel eher, woran man ist. Aber nein, da muss ja vorher noch was weggeflirtet werden, um dem Romantikaffen Zucker zu geben. Da der Single jedoch über wenig freie Zeit verfügt, muss ihm das Wild passend vor die Flinte getrieben werden. Beim Speed-Dating zum Beispiel kann man alle fünf Minuten einen neuen Erdenwurm kennenlernen. Wobei es den meisten Menschen kaum gelingt, sich selber während eines ganzen Lebens „kennenzulernen". Aber fünf Minuten reichen sicher, um jemanden abstoßend zu finden. Und so bleibt nach einem Hochgeschwindigkeitsdurchgang Fratzenschau selten mehr als die Erkenntnis, dass es andere auch nicht leichthaben, jemanden zu finden. Es ist wie mit den Anglern, die sich am Weiher treffen. Nur weil keine Fische beißen, kommen sie ja auch nicht auf den Gedanken, sich gegenseitig zu angeln. Somit haftet jedem Single-Club per se der Geruch nach Selbsthilfegruppe an, also eher Treff der anonymen Onanisten als knisternder Aufreißschuppen. Wer will denn auch schon jemanden kennenlernen, der genauso eine Flitzpiepe ist wie man selbst? Es ist noch nicht lange her, da nannte man frisches Fleisch im Arm eine „Eroberung". Wen will man beim Single-Treff eigentlich erobern, da sind doch die Grenzen offen – wenn man Pech hat – bis zum Standesamt. So zeigt sich auch die ganze Crux des Single-Daseins schnell deutlich. Börsen, Chats und Blind-Dating sind schön und gut. Doch was hilft es, wenn sich alle Katzen treffen, ab und zu muss auch mal 'ne Maus dabei sein. Nur eine Gruppe geht hochbefriedigt aus dem Sisyphos-Gesingle hervor: die Agenturen. Erfolg wäre ja ihr Tod.

Wolfgang Tiefensee

Intellektuelles Brackwasser ohne natürlichen Zufluss

Wenn ein Kabinett gebildet wird, treiben die Parteien das ministrable Gelichter in einem Raum zusammen. Dann geht es enemenemu an die Verteilung der Ministerien. Und wo es am wenigsten leuchtet in der Birne, dahin fällt das Verkehrsministerium. Seit Jahrzehnten ist es durch alle Regierungen hindurch Tradition, den jeweils vor die Wand gelaufensten Trottel zum Herren über Asfalt und Schiene zu ernennen. So heißt dann das Verkehrswesen Tiefensee und kann nix. Das wäre nicht weiter schlimm, wenn er mitsamt seinem Cello in der eigenen Tiefsee abtauchen würde und mucksmäuschenstill abwartete, bis die Regierungszeit verstrichen. Doch auch ein kleiner Verkehrsminister will berühmt und wichtig sein. Dabei denkt er an sein großes Vorbild Manfred Stolpe, eine Riesenarschgeige, wie sie die Welt noch nicht gesehen hatte. Dagegen ist unser Wolfgang ein kleines Licht. Ab und zu erscheint sein Konterfei in der Zeitschrift, die für lau im ICE ausliegt, selten genug will mal die ADAC-Motorwelt etwas von ihm wissen. Wenn sich das Kabinett allwöchentlich zum Plätzchenknabbern und Thermoskannenlenzen trifft, dann ist unser Wolle stets das Gespött der anderen, sogar die Frauen schauen auf ihn herab. Im Geheimen träumt er davon, so ein Popstar zu werden wie zum Beispiel Sigmar Gabriel. Der ist heute am Nordpol, morgen im Urwald, und zwischendurch schreibt er noch ein Buch, was für ein Hundertsassa! Die Tiefenseele baumelt hingegen scheinbar leblos im Wind. Die Bahn soll er privatisieren, kann er aber nicht, für neue Autobahnen fehlt das Geld, der Transrapid wird schon wieder mal nicht gebaut. Da fällt dem Wolfgang endlich etwas ein, was gar kein Geld kostet und dem zu widersetzen sich niemand traut: das Bußgeld wird erhöht. Das ist moralisch ganz weit vorne, denn es geht gegen Rowdys, Raser, Drängler und Kofferraumficker. Für die will keiner Partei ergreifen, nicht mal der ADAC. Jedem ist natürlich klar, dass ein erhöhtes Bußgeld niemand vom Übertreten der StVO abhält, sondern nur die klammheimliche Freude erhöht, wenn man wieder einmal nicht erwischt wurde. Und weil das jeder weiß, erhöht die unsinnige Maßnahme nur den allseitigen Verdruss betreffs Stiefvater Staat. Wieder einmal geht es ausschließlich darum, dass sich der faule Sack die Taschen auf unsere Kosten füllt. Und dass ein Bußgeld jemals gesenkt wird, wenn die Tiefenpflaume wieder zurück nach Leipzig gejagt wurde, daran glaubt nicht mal der ADAC.

Weihnachten? Warum!

Führers Geburtstag war leider nicht am 24.12., sonst wären wir Weihnachten womöglich losgeworden. Schade!

Warum? Warum tun sich Menschen das an? Gemeint ist nicht der Krieg in Afghanistan, nicht der Oralverkehr mit Nilkrokodilen, sondern Weihnachten. Und vor allem: Warum ich? War ich bisher der Meinung, die Artgrenze zwischen Affe und Mensch verlaufe nicht irgendwo südlich vom Homo erectus, sondern keine zwei Meter von mir entfernt, so muss ich angesichts des Weihnachtswahns feststellen: Ich bin auch einer von ihnen. Niemand, mag er es auch noch sosehr wollen, kann sich dem Mahlstrom des Irrsinns entziehen. Dabei will ich gar nicht in das Lamento über Glühwein und Ekelfraß auf Weihnachtsmärkten einstimmen, nicht das kirchliche Klagelied des alles überschattenden Konsums anstimmen, nein, Weihnachten ist neben anderen Verlogenem und Verfressenem im Wesentlichen ein Hochamt des Stresses. Alles wird verdichtet, das Einkaufen, die Arbeit, das Noch-eben-vor-Jahresende-zu-Erledigende, die Eltern, die Kinder, die Gans, der Baum. Keine Atempause, Frieden wird gemacht! Vom ursprünglichen Sinn des Festes – und damit meine ich nicht die Geburt des Christkindeleins – ist nichts übrig geblieben. Einst feierte man, um sich im Zenit des Winters, wenn die Tage schon wieder länger wurden, gehörig die Plauze vollzuschlagen. Denn das war damals eher die Ausnahme und somit ein Fest. Alle uns heute noch bekannten Spezereien gründen in diesem mittwinterlichen Sturm auf die Vorratskammern, sei es die fette Gans, das Zuckerwerk, der schwere Wein, zu Weihnachten haute man es sich gerne rein. Das Christentum hat dieser Orgie nur ein religiöses Update ver-

Mit leeren Taschen trotzdem gut drauf –
Ost-Rentner tanzen dem Sensenmann auf der Nase herum.

passt, im Kern blieb alles so, wie es war. Erst heute, da das ganze Jahr über so viel gefressen wird, dass bei jedem ständig acht Bar Überdruck an der Rosette anliegen, verliert Weihnachten jeglichen Sinn. Ein Fest ist immer die Ausnahme von der Regel, die Zäsur im Alltag. Der Christkindl-Geburtstag hingegen ist die Potenzierung des Alltags, nicht die Pause davon. Alles was einem ohnehin im Jahr schwer auf die Nüsse geht, greift ab dem 1. Advent noch mal zum ganz großen Nussknacker – von Friede und Einkehr keine Spur. Darum ist die größte Verhöhnung der tatsächlichen Not an Weihnachten das Gerede von der Einsamkeit unterm Tannenbaum. Womöglich mag es ein paar Prozent vereinsamter Kreaturen geben, die am Heiligabend häufiger zum Pillenschränkchen schielen, die riesengroße Mehrheit der Bevölkerung zeigt ein ganz anderes Symptom, den Sozialinfarkt. Bitte keine Fressen mehr sehen müssen, Herr lass das Pack mir von der Pelle weichen. Halleluja.

Landeswappen

Wer wird Immigrant! Ein lustiges Ratespiel für Flüchtlinge

Wie heißt das Tier im Landeswappen? Löwe, Pferd, Esel oder Giraffe. In Hessen hat es die angeschwemmte Schwarzhaut leicht, den neuen Einbürgerungstest zu bestehen, denn die Fauna-Erfahrung der alten Heimat paart sich vortrefflich mit der Heraldik des neuen. Berlin eignet sich besonders für Einwanderer aus Osteuropa, dort wo Bär und Mensch einander noch auf der Müllkippe begegnen. Schwerer habens da die Muselmanen aus dem Orient in NRW und Niedersachsen: könnte immerhin auch ein fetter Esel sein, was sich dort reckt auf rotem Grund. In Brandenburg will eh niemand eingebürgert werden, darum stellt sich die Frage auch nicht, ob das gerupfte Huhn im Wappen noch als Adler durchgehen darf. Wäre Mecklenburg-Vorpommern nicht ein gar so ungastliches Land für starkpigmentierte Erdenbürger, ich empfähle es den Haitianern als Siedlungsfläche. Das dortige Provinz-Logo gemahnt sehr stark an Voodooglauben oder wenigstens Drogenmissbrauch: ein geflügelter Vierbeiner mit Schnabel und Tellerpranken, dazu auch noch knallrot, und auf der linken Hälfte ein blödig grinsendes Rind, das dem Betrachter die Zunge rausstreckt. Wie müssen dazu wohl die vorgegebenen Antworten im Einbürgerungstest lauten, man mag es sich nicht vorstellen. Zu allem Unheil verfügt das Land MV auch noch zusätzlich über ein Großes Landeswappen, das da zeigt: zweimal blöde Kuh in der Diagonalen und neben dem gentechnisch manipulierten Riesenvogel noch das gerupfte Huhn aus Brandenburg. Teufel noch eins, da wirds haarig für den Migrantenschlingel. Ob es da nicht ohnehin besser wäre, sich mit dem Einbürgerungsgesuch an den wohlhabenden Freistaat im Süden zu wenden? Weiß-blaues Tischtuch im Rautenmuster genau wie beim Oktoberfest in Sarajewo. Da kann nicht viel verkehrt gehen. In den anderen Freistaat, also den, der von sogenannten Sachsen und Elbtalverschandlern bewohnt wird, dürfte sich aus den schon genannten Vorbehalten gegen Beute-Deutschland der Migrationsdruck in Grenzen halten. Dennoch auch hier gibt es den Test, daher, Ölauge sei wachsam, auch Sachsen hat ein Landeswappen: Biene Maja oder Tigerentenclub als Grundmuster und quer drüber eine hässliche grüne Bordüre aus dem Baumarkt. Da ist jetzt aber mal Schluss mit lustig, und der Migrant legt genervt den Kuli beiseite. So erlebt die längst tot geglaubte Wappensymbolik aus dem feudalen Mittelalter in der jungen deutschen Demokratie eine Renaissance. Ohne sie stände der Türke längst wieder mal vor Wien und wartet auf den Zug nach Kassel-Wilhelmshöhe oder so.

Östliche Weisheiten

Kong Fuzi sagt: Wenns Arscherl brummt, ists Rosetterl gsund

Wie lange dauert es wohl noch, bis auch das ganz normale Abstuhlen mithilfe der Bildzeitung und einer Filterlosen der Vergangenheit angehört? Irgendwann nämlich wird es für jeden Körperteil eine Yogaübung oder chinesische Weisheit geben. Dann kacken wir durch die Reiki-Spalte ins Universum, bis die Chakren Trauer tragen. Mit dem Finger wackeln oder in der Nase bohren kann nur noch unbedarft, wer noch nie etwas von der Mudra-Technik aus dem Hatha-Yoga gehört hat. Jede nur denkbare Haltung der Hände hat einen eigenen Namen und bedeutet darüber hinaus noch ganz viel mehr, zum Beispiel die Anrufung der eigenen Blödheit oder die Versenkung in sich selbst, also ins Nichts. In der fernöstlichen Lehre des allumfassenden Irrsinns zeigt sich das ganze Elend einer mehrere tausend Jahre alten Zivilisation. Die Jungs da hinten hatten einfach zu viel Zeit und haben sich um jeden Dreck Gedanken gemacht. Wenn es dann auch noch dauernd warm ist und die Affen vom Baum in den Mund wachsen, kommt der Mensch auf dumme Gedanken. Nicht mal rammeln darf der Asiate ohne Bedienungsanleitung. Erst mal ein paar hundert Seiten

Kamasutra geschmökert, bis man auf die Mutter darf. Kaum vorstellbar, dass sich der jüngst erst halbwegs zivilisierte Germane auf diese Weise überhaupt bis heute fortgepflanzt hätte. Im Osten dagegen ist nichts einfach so für den spontanen Jux, mit jedem Mist muss ein höherer Bewusstseinszustand erreicht werden. Na fein, Schnaps in den Schädel und einen Moment warten, bis er wirkt. Ehe ich mir beim Mudra-Yoga die Griffel verfranse oder im Lotussitz einen Affen in die Schüssel haue, zieh ich lieber 'n Linie-Aquavit durch den Rüssel, meine Damen und Herren. Warum nur haben die ferntröstlichen Weisheiten so viele Anhänger in einem Land, in dem mindestens alle fünf Kilometer ein Schnapsladen geöffnet hat? Es sind die Frauen, wer sonst, die, sediert durch jahrelangen Brigitte-Abusus, jeden Scheiß glauben, der aus dem Land des breiten Grinsens zu uns kommt. Da fließt so viel Energie durch geheimnisvolle Meridiane, dass eine Taschenlampe, ins Rektum gerammt, zu leuchten anfängt. So kann man auch beim Rückwärtsgehen noch den Weg erkennen, wie schön.

Biosprit

Oder Öko-Atomenergie, wenn nicht gar CO_2-neutrale Tellerminen

Die Erde kann man nur einmal auffressen. Und das Gedränge am Futtertrog wird immer größer. Haben sich in der Vergangenheit fast nur Europäer und Nordamerikaner die Wampe vollgeschlagen, wollen jetzt auch Inder, Chinesen und anderes ehemaliges Kolonialgelichter Mutter Erde ans Gesäuge. Hastenichgesehen sind die Öltanks leergelutscht, und nicht nur des gelben Mannes Moped liegt tot am Wegesrand, sogar die weiße Frau muss dann wohl ihre kleinen Hochbegabten zu Fuß in die Kita bringen. Das ist gar nicht schön, deshalb ersann der weiße Mann den Biosprit. Der gedeiht auf heimischer Scholle in Gottes freier Natur, und vor lauter Nachhaltigkeitsgefasel kriegt man schon einen Kotzkrampf. Schöner Plan, schöne Scheiße! Wie fast immer, wenn die Weltenretter eine lustige Idee haben, gehts schwer nach hinten los. Man könnte fast glauben, Ökohild und Biofried schulten sich strategisch am Mau-Mau-Spiel, denn mehr als einen Zug denken sie nicht voraus. Die subventionierte Benzinfrucht verdrängte Getreide, Naturschutzgebiete, die Vielfalt auf den Äckern, und ist die Brühe dann dem Ottokraftstoff beigemischt, fliegen dem Chauffeur die Ventile um die Löffel.

Längst ist auch der Asiate auf des Europäers neusten Irrsinn aufmerksam geworden. Er fackelt seinen Urwald ab und baut dort für den Export auch Benzinfrucht an. Den klapprigen Eingeborenen fehlt es an Butterbroten, die Tiere gehen alle tot, und dort, wo der Wald einst das Weltklima regulierte, hustet er nun das CO2 in den Himmel. In Gutmensch-Country packt sich derweil die Selbsterziehende den toten Tiger in den Tank ihres Familien-Vans und denkt, was für eine bewusste Öko-Heldin sie doch sei. Erst wenn ganz Brandenburg ein einziges Maisfeld ist, das Vollkornbrötchen so teuer wie ein Liter Sprit, dann werdet ihr merken, dass man für Geld nicht alles tanken kann, was da wächst und gedeiht … sprach Häuptling Seattle, stieg in seinen Ford Super-Duty fourhundredfifty und brabbelt der untergehenden Sonne entgegen.

DIE JUGEND

Wie viel Müh und Plag braucht es doch, den erweiterten Hauptschulabschluss zu erringen. Die Strafmündigkeit jedoch, dies lüsterne Weib, fällt einem ohne Zutun in den Schoß. Gelte es auch dafür eine Prüfung abzulegen, wer weiß, ob unsere faule Jugend nicht vorm Verbrechen zurückschreckte.

Twitter

Kürzer kann man der Menschheit nicht mitteilen, was für eine dämliche Arschmade man ist.

Gute Nachricht für alle faulen Säcke: Man muss gar nicht mehr selber bescheuert sein, das erledigen längst andere und schicken einem täglich die Fortschritte ihres Bemühens als SMS aufs Handy. Dieser geistige Dünnschiss nennt sich Twitter und ist dank gnädiger Umsicht seiner Schöpfer auf 140 Zeichen beschränkt. Genau wie Schäfer-Gümbel oder Hubertus Heil, deren Gesamtwissen über das Universum ähnliche Ausmaße haben dürfte, deshalb wird Twitter auch von diesen Homunculi gern und ausgiebig genutzt. „Supertoller Gremientag. Wer will mitmachen?", simste das Gümbel an seine Gemeinde. Ich wusste gar nicht, dass die Begriffe „Supertoll" und „Gremientag" näher als auf tausend Seiten Abstand in einem Text Platz finden können. Wieder was gelernt vom zwitschernden Politnarren. Die klassische Situation, in der Tweets abgesetzt werden, ist die rote Ampel. Anderthalb Minuten Stillstand in der Hektik des Alltags, und schon fummelt Guido Westerwelle in seiner Hose nach dem Smartphone: „War gerade bei Angela, will mit mir koalieren." Schön für alle angeschlossenen Mobilfunknetze, dass Guidos Spracherkennung im Handy, das Wort „koalieren" unfallfrei durch den Äther geschoben hat.

Twitter ist das Lieblingsmedium derer, die der Welt nichts zu sagen haben, dabei aber nicht ins Labern kommen wollen. Kurz und knapp wird die Nichtigkeit im Netz abgefurzt, und man freut sich im Stillen, dass bei zweitausend Irren, den sogenannten Follows, die Jacke klingelt für nix und wieder nix. Wer hätte gedacht, dass nach den Chatrooms, den SMS-Icons, den

„Im Beachclub wird umsonst einer geblasen" –

da hatte man sich auch mehr drunter vorgestellt.

Balla-balla-Blogs und YouTube eine noch grottigere Form der Communication auf uns wartet? Niemand regt das auf, wozu auch, es geht rasend schnell den Konsequenzen aus dem Zweiten Hauptsatz der Thermodynamik entgegen, und wenn jeder mit jedem kommuniziert, ist die maximale Entropie, also die höchste Gleichverteilung menschlichen Schwachsinns, erreicht, damit der Wärmetod des Geistes. Alle sind gleich doof, und so nimmt das makroskopische Geschehen namens Mensch endgültig ein Ende. Einen Trost gibt es noch: Twitter ist nicht die letzte Plage, die Pandora aus dem Internet entließ, es kommt sicher noch schlimmer.

Neue Menschenart entdeckt

Sie waren nie wirklich ausgestorben

Hätte es heute in der Zeitung gestanden, keiner hätte es geglaubt. Doch schon vor einiger Zeit kursierte, zunächst verschämt, in der Tagespresse folgende Meldung: „Neue Menschenart entdeckt.“ Rein biologisch gesehen sind ja nicht mal Hessen oder Holländer eine andere Rasse und nun gleich eine neue Art? Wir erinnern uns an den Naturkundeunterricht der Mittelstufe und rekapitulieren: Eine Tierart ist von einer anderen verschieden, wenn sie mit ihr keine fertilen Nachkommen zeugen kann. Will heißen, Ziege ficken ja, aber kommt halt nix bei raus. Menschen jeglicher Couleur jedoch sind sehr wohl in der Lage, mittels Rumgerammel riemige Nachkommen zu produzieren. Halt! Eben nicht alle, und da setzte die Wissenschaft den Hebel an: 20 000 ungewollt kinderlose Ehepaare wurden in einer mehrjährigen Studie untersucht. Bei ungefähr der Hälfte der Paare waren physische Ursachen der Grund, weitere 40 % ekelten sich einfach so voreinander, dass der GV jeweils nur vorgetäuscht wurde. Interessant waren die verbliebenen zehn Prozent. Beide Partner waren kerngesund, fielen wie die Zoo-Schimpansen übereinander her, und dennoch kam es zu keinem Nachwuchs. Bei genauerem Hinsehen stellte sich heraus, dass einer der Partner, mal war es das Weibchen, mal der Bock, eine völlig andere DNA aufwies als der Homo sapiens sapiens. Vielmehr ähnelte dessen Erbgut eher dem ausgestorbenen Homo heidelbergensis, einem Vorläufer von Kurt Beck, Boris Becker oder Oliver Kahn. Die Nachkommen dieses europäischen Hominiden kennen wir unter dem Namen Neandertaler – gleichfalls ausgestorben. Unbemerkt von der ausrottenden Öffentlichkeit müssen sich allerdings 200 000 Jahre lange, einige Exemplare des südwestdeutschen Vormenschen bis in die Gegenwart durchgeschlagen haben. Oft wissen diese armen Kreaturen gar nichts von ihrer Besonderheit und heiraten völlig unbeabsichtigt Cro-Magnon-Partner. Da kann natürlich nix draus werden. In einigen tausend Jahren wird es dann wohl keinen von ihnen mehr geben, und damit bleiben uns mit Hund und Frau die einzigen Wesen auf der Welt, mit denen wir dann sprechen können. Die aktuelle Liste der bereits enttarnten Neu-Hominiden findet man unter www.Homo-beklopptiensis.de.

DER MENSCH

Der Mensch, welch anmaßendes Geschöpf. Wie kann jemand, der alle leckeren Sachen, die die Erde ihm kredenzt – seien es Stachelbeeren oder Nackenkoteletts – samt und sonders in Kot verwandelt, wie kann so ein Wesen auf Nachsicht hoffen in puncto Sterblichkeit.

Penisverlängerung

Wozu? Steht nicht auch der Shetland-Pony-Hengst einsam auf der Koppel?

„Lang und schmal, der Frauen Qual. Kurz und dick, der Frauen Glück", weiß der Volksmund über die Wirkungsweise des männlichen Geschlechtsteils zu berichten. Und da irrt er womöglich, jedenfalls wenn man den Hunderten von Mails Glauben schenken darf, die täglich zum Thema „Penisverlängerung" in meinem Postfach auflaufen. Musste man früher zwecks gefühlter Pimmelstreckung noch den Gegenwert einer Eigentumswohnung ins nächste Porsche-Haus tragen, so reicht heute eine Mail an Supercock dot com oder RiesenRiemen.de. Tags drauf bringt der Mindestlohnmann ein diskret verpacktes Pillendöschen ins Haus. Schluckt man brav den Super-Sizer, macht sich schon bald ein leichtes Kribbeln in Höhe des linken Knies bemerkbar – jedenfalls wenn man Linksträger ist.

Mit dem Gemächte eines veritablen Kaltbluthengstes wandelt sich nun alles zum Besseren. Das Ding schlabbert nich bloß riesenhaft in der Doppelrippkombüse rum, sondern die Erektion ist knallhart wie Beton. Das frühzeitige Verschießen der knappen Munition soll auch gestoppt werden durch das Wundermittel. Wenn nicht, Geld zurück. Da fragt man sich, warum nicht jeder Mann schon zu dem Wurmvergrößerer gegriffen hat, zumal Nebenwirkungen ausbleiben und das Geschröte nicht in mechanische Streckbänke gespannt werden muss. Man begreift es nicht, denn zwischen den großen Zehen siehts beim deutschen Mann recht mickrig aus. Das will zumindest die Internet-Forschungsgruppe „Ficken wie ein Weltmeister" ermittelt haben. 80 % der Männer finden, dass ihr Penis zu klein ist, und haben deshalb Probleme, sich nackt in der Öffentlichkeit zu zeigen. Ach so! Darum sieht man die vielen Hosen, darinnen werden heimlich Bleistiftpimmel aufbewahrt. Und ich dachte schon, es ist doch über null Grad, warum laufen nicht alle nackt durch die FuZo? Bleibt zu fragen, weshalb die Frauen in der Öffentlichkeit Kleidung tragen, die müssen doch nix verbergen. Ich kann nur hoffen, dass viele Männer das Angebot mit der diskreten Rechnungsanschrift nutzen und wir in Zukunft selbstbewusste Langschwanzträger nackig durch die Städte schreiten sehen. Das wird vielleicht den Aktienhöhenflug eines Zuffenhausener Mobilitätsanbieters stoppen, wir alle aber wären endlich gefeit vor diesen mehdornistischen Männern, die aufgrund gefühlter Zwergenpimmeligkeit der Menschheit auf den Sack gehen. Penisverlängerung, ja bitte! Ein Akt der Menschlichkeit.

Mücken, Fliegen und Co.

Die Schöpfung wird als Gottes Meisterstück völlig überschätzt

Jaja, irgendwie sind sie bestimmt ganz wichtig für das Ökosystem, die Fliegen, Mücken, Wespen und all das andere sommerliche Kerbgetier. Und würde man ihnen mit DDT oder E 605 zu Leibe rücken, dann wäre wieder mal Schicht in der Umwelt, behaupten deren Anwälte. Muss man eigentlich alles, was die Natur an Widerwärtigem hervorgebracht hat, gut finden und auch noch leben lassen? „Ja, unbedingt!“, rufen Ökobuchtel und Kirchenhansel wie aus einem Mund. Denn beide sind einem anthropozentrischen Weltbild verhaftet. Der Fromme glaubt sowieso, dass sein Vorgesetzter den ganzen Laden perfekt so erschaffen hat, wie es seinem Meisterstück, dem Menschen, am besten fromme. Darum muss „Gottes Schöpfung" so, wie sie ist, mit all den Mücken und Scheißhausfliegen erhalten bleiben. Der Ökopax glaubt an dasselbe, nur weiß er es nicht. Er findet auch, alles muss so bleiben in der Natur, wie es zufällig gerade mal ist zurzeit. Nicht weil die Zecke ein Mensch ist wie du und ich mit allen Rechten, sondern weil angeblich der Mensch nur in der momentanen Ausprägung des Lebens auf diesem Planeten gedeihen kann.

Da haben wir ihn wieder, den christlich abendländischen Anthropozentrismus, diesmal nicht unterm Talar, sondern unter der Fusseljacke. Ist natürlich sachlich falsch, das ganze Nachhaltigkeitsgedusel, seit der Eiszeit haben wir jede Menge Viehzeug ausgerottet, und siehe da, es geht uns prächtiger denn je. Warum also nicht mal statt Auerochs und Höhlenbär die Mücke und das Fliegenpack vor die Flinte nehmen?

Mag ja sein, dass ich gegenüber meinen Mitgeschöpfen ein wenig intolerant bin, aber mich nervt es, wenn im Sommer Gevatter Mück an meiner Wade saugt, die Fliege ins Bierglas scheißt und die Wespe obendrein den Erdbeerkuchen requiriert. Unverschämtes Gesindel! Kaum erhellt die warme Sonne das düstere Gemüt des Mitteleuropäers, krabbelt und sirrt es überall. Wozu gibt es heute denn die Nanotechnik, da könnte man doch mit winzigen Hubschraubern einen herrlichen Krieg gegen das Kerbtier führen oder der ganzen Bande chemisch den Garaus machen. Die Mär vom biologischen Gleichgewicht glaubt eh keiner mehr, sonst wär' die Natur schon vor zehntausend Jahren am Homo sapiens zugrunde gegangen. Nicht alles und jedes, was auf Erden wandelt, kann Gott gewollt haben. Die Nazis zum Beispiel, gings nach deren Ausrottung nicht sogar ganz prächtig bergauf? Siehst du wohl (klatsch), haha, wieder einer, erwischt.

Endlich Urlaub – raus aus der Enge der Großstadt …

CD-Ständer

Die letzte Erektion der Musikindustrie

Still und leise verabschieden sich die Gegenstände unseres Alltags, ohne dass sich ein Museum um sie bemühte. Gestern noch standen sie in jeder Wohnung, morgen schon muss man nach ihnen in Antiquitätenläden fahnden. Mit dem Verschwinden der großen Wohnzimmeraltäre, den Hi-Fi-Türmen, verschwanden auch die dazugehörigen Phonomöbel. Noch gestern, so schien es, stand in jeder 3-Zimmer-Fick- und Fresszelle ein Riesengebirge aus Kenwood, Yamaha, Aiwa oder Onkyo. Wer es gern gediegener und anspruchsvoller hatte, um damit so was wie Bildung vorzutäuschen, stellte sich Abendländisches auf die Schlinge aus Naturwolle, zum Beispiel Revox, Cyrus und Bang & Olufsen. Bei den Boxen spätestens fing die Religiosität an. Plötzlich ist alles weg, gemordet durch so ein kleines rattenhaftes Wesen namens MP3-Player. Mittlerweile bis zur Phono-Mikrobe geschrumpft, nistet sich der Hi-Fi-Schädling bei allerlei Wirtstieren ein. Im Handy ist er sowieso, in der Digi-Cam, im Backofen und weiß der Hugo wo sonst noch. Eine Milliarde Songs ca. als Retroviren kann man darauf speichern und damit sein Gehör infizieren. i-Pods, wohin man schaut, und zu Hause auf dem Teppichboden zeugt nur noch der scharfkantige Abdruck vom tonnenschweren Hi-Fi-Rack von den Boliden vergangener Tage. Beim Vernichten der Türme im Living-Room kam es allerdings zu begrüßenswerten Kollateralschäden. Die CD-Regale wanderten auch auf den Sperrmüll. Kein anderes Möbel hat die Zeit zwischen Mitte der 80er-Jahre und Anfang des neuen Jahrtausends so geprägt wie dieses Auf-Teufel-komm-raus-Design des CD-Regals. Geschwungene Schlitzbleche aus

Edelstahl, gezähntes Roheisen und immer wieder Plexiglas in allen denkbaren Verrenkungen. Als 1982 in Langenhagen die CD in die Welt entlassen wurde, durfte ein derart stratosphärisches Produkt nicht einfach in Schuhkartons oder Regalen aufbewahrt werden, nein, ein Möbel sollte her, dass dem zukunftsweisenden Produkt auch ästhetisch Rechnung trüge. So sandten alle Möbelmitnahmemärkte ihre drogensüchtigen oder einfach nur bescheuerten Produktentwickler aus, um CD-Ständer zu kreieren. Aus schlichten Aufbewahrungsmöbeln wurden Wohnzimmerskulpturen für Banausen und Arschgeigen. Da es der Compact-Disc selber mangels Größe an gestalterischen Möglichkeiten gebrach, sollte der Ständer ästhetisch reißen, was die CD-Hüllen nicht zu leisten vermochten. Selten sah Deutschland innen so scheiße aus, wie in den beiden Jahrzehnten, als der CD-Ständer regierte. Nachfolgende Generationen werden ihn in einem Atemzug mit dem Nierentisch im Munde führen, wenn es gilt, eine Ära zu benennen. Wer jetzt noch einen hat, soll ihn gut verwahren, den letzten Krieger einer untergegangenen Epoche.

Berliner Hundekacke

Darmstädter Katzendünnschiss, Pforzheimer Wellensittichfürze – es ist auch woanders nicht schön!

Die gute Nachricht, der Berliner selber scheißt kaum noch auf die Straße. Nach und nach hat man ihn von dort weggelockt, zuerst mit dem Klo im Hinterhof, dann auf halber Treppe und schließlich die Entleerung in eigener Wohnung zum State of the Art erhoben. Ganz anders verhält es sich da mit des Berliners bestem Freund, der scheißt nämlich noch immer vor die Tür. Gemeint ist nicht der Ostberliner, sondern der Hund, denn der Ostberliner hat ja keine Freunde. Doch auch der hat einen Wauwau und alle zusammen bringen es auf eine halbe Million Stück Scheiße pro Tag. Ja, kann denn da der Wowi nix machen, das is doch sonst so'n schlauer Hund? Nein, da kann der Wowi leider nix machen, der hat zwar viel Scheiße im Kopp, aber keinen Platz für noch mehr. Die Lösung kommt aus der Fremde, Politiker aus Meck-Pomm fordern Gentests für Hunde. Deren DNA wird in einem Zentralregister hinterlegt, und sobald der Kläffer auf den Gehweg köttelt, springt die Politesse mit dem Spatel aus dem Gebüsch und nimmt eine Kackeprobe. Ruckzuck abgeglichen mit der Scheißedatei, und das Herrchen muss Bußgeld blechen plus Untersuchungsgebühr. So weit die Theorie. Doch was ist mit vierbeinigen Touristen aus anderen Städten? Gibt es ein Hundeschisszentralregister bei Schäuble unterm Sofa? Und so, wie ich die Staatstreue des Berliners einschätze, werden auch wohl nicht mal die Hälfte der Besitzer für 200 Öcken ihren Fifi gentesten lassen. Will sagen, bei mindestes 50 % prokelt die Politesse gänzlich umsonst im Köterkot. So wie ich den Humor des Berliners einschätze, findet er es besonders witzig, sich fortan wieder selber auf dem Trottoir zu lösen, und sei es nur drum, sich daran zu ergötzen, wie städtisches Personal in seiner Scheiße rumstochert. Man kann den Hundehaufen drehen und wenden wie man will, letztlich tritt man doch hinein. Und da der Canide nun mal oft und gerne kackt, liegt ganz Berlin voll mit seinem Kot. Und das ist gut so, denn wenn der Wauwi nicht mehr alles vollscheißt und man sich drüber aufregen kann, fangen die Menschen womöglich an, sich über die Scheiße vom Wowi aufzuregen. Und dagegen helfen keine Kotmobile, und die Plastiktüten sind auch viel zu klein.

Mediterran

Ton, Steine, Scherben im Rasen verstreut

Wir erinnern uns, noch vor zwanzig Jahren regierte im deutschen Vorgarten unangefochten ihre Majestät, die Waschbetonfliese. Der rechte Winkel war ihr Gesetz, die Zementbordsteinkante ihre Gefährtin, und im zentnerschweren Waschbetonkübel prangte grellbunt das Stiefmütterchen. Heute sind alle Gärten „mediterran". Rot gefärbtes Verbundpflaster mit künstlich abgebrochenen Ecken, überall Terrakottapötte und jede Menge rostiger Eisenprügel, an denen zugereiste Pflanzen angekettet sind. Nachdem der Deutsche seine Küche mediterranisiert hatte, aus dem Karnickelfutter Rauke der gediegene Rucola wurde, wandte sich der Schöne-Wohnen-Blick dem restlichen Ambiente zu, und Mediterraner Landhausstil verwandelte die verfurzten Quader, in denen die Germanen bis dato hausten, in mallorquinische Meerschweinchen-Fincas, klein, aber fein. Das Schleiflackmonster aus dem Schlafgemach wich einer katalanischen Kartoffelkiste, ersonnen und gefertigt allerdings im fernen Reich der Mitte. Statt Resopaloberfläche nun mit der Drahtbürste zerschründetes Pinienholz, typisch mediterran eben. Wer über freistehendes Wohneigentum verfügte, pimpte seinen ganzen LBS-Bunker in Richtung toskanischer Ziegenfickerscheune. Nur Erdfarben, Zaunlatten krumm und schief, kein Weg führt in gerader Linie irgendwo. Statt drei Kisten Pilsener auf kürzester Strecke in den häuslichen Verschlag zu schleppen, mäandriert Vatti zwischen flusspferdarschgroßen Terrakottakugeln dem Eingang entgegen. Nach zweimaligem Aufdieschnauzefliegen kann er sich auch so gar nicht an den gewonnenen Blickachsen erfreuen, die der mediterran gestalte-

Nur für den Fall, dass Jesus vorbeikommt und wieder Blödsinn im Kopf hat.

te Garten dem Betrachter nunmehr offeriert. Zum perfekten Erscheinungsbild gehört nämlich eine gewisse Unaufgeräumtheit, so wie sich der Germane eben den öläugigen Schlawiner vorstellt. Hier verfilzt eine rostige Rolle Stacheldraht mit Büscheln aus Pampagras, dort erinnert ein Dutzend zerbombter Blumentöpfe an das untergegangene Pompeji. Unordnung ja, aber liebevoll gestaltet will sie sein. Richtig angelegt ist ein mediterraner Garten, wenn Besucher als ersten Endruck formulieren: „Das arme Schwein, das den mähen muss." Alles steht nämlich voll mit Funzeln, Pötten, irdenen Riesenkröten, keine Rasenkante zähmt den Wildwuchs der Rabattenbewohner. Nur vor einer typischen Gestaltungsidee südländischer Ästhetik schreckt der Deutsche noch zurück, nämlich den ganzen Hausmüll einfach so die Böschung runterkippen und einmal im Monate Lunte dran. Schade, da fehlt dann doch der Punkt auf dem „i" von mediterran.

Der Staat

Verwandelt fünf tote Fische in fünftausend Transferleistungen, gleich wie es ihm gefallt

Gott ist angeblich tot, und nach unserem finalen Arschzukniff folgt die Speisung der 5000 Würmer und nicht das ewige Leben. Das jedenfalls glaubt die Mehrheit der hier ansässigen Schlaumeier. Nun hat eine Studie, wer auch sonst, allerdings festgestellt, dass der Glaube an ein höheres Wesen das Glücksempfinden bei Kindern erheblich steigert. Und was für die Rangen gut ist, kann für die ausgewachsene Aldi-Milbe nicht falsch sein. Papa Jehova in seiner modernen Fassung hat allerdings keinen Rauschebart, wohnt auch nicht im Himmel, sondern hört auf den Namen: „Der Staat."

Von alters her wird diese Gottheit von SPD-Gläubigen angehimmelt. Wenn nix mehr läuft, kommt von irgendwo eine Lichtgestalt daher mit Namen „Der Staat". Aus unerfindlichen Quellen schüttet sie Dukaten über jene, die da darben, und so wird alles wieder gut. Dieser Volksglaube hat etwas Wundersames und Niedliches, wird aber zur Bedrohung, wenn ihm sogar die Wirtschaft anhängt. Banken, Autokonzerne, fränkische Nerzwitwen, jedermann in diesem Land hängt mittlerweile dem Wunderglauben an. Selbst wenn es so was gäbe, wie unerschöpfliche Geldvermehrung durch bloßes Ausgeben, müsste einem doch manches zu denken geben beim Glauben an Vater Staat. Genau besehen gibt es eigentlich keinen größeren Geldverschwender, Vollidioten und Komplettvergeiger in diesem Land. Der Staat verwandelt Wein in Wasser, Fisch in Scheiße, und die Speisung der 5 Millionen betrifft allein seine Bediensteten. Die Schule, die Bahn, die Telekom, die Rente – muss ich noch mehr sagen? Wer beim Anblick dieser Patienten noch immer an den heilenden Eingriff der Riesenarschgeige glaubt, ist endweder selber eine oder lebt von der freigebigen Dummheit der Politiker. Aber an was soll man denn sonst glauben, wo doch Gott tot ist oder nur am Sonntagvormittag eine halbe Stunde Zeit für uns hat, wenn nicht an den alles regelnden, gütigen Vater Staat in seinem unermesslichen Reichtum und der nicht enden wollenden Weisheit? Wie wäre es zur Abwechslung mal mit dem Glauben an dich selbst, Blödmann? Oder reicht es dazu nicht mehr?

Haute Cuisine

Froschfotzensalat auf einem Nest aus Blaumeisenföten

Vom Erhabenen zum Lächerlichen ist es oft nur ein kleiner Schritt, darum meide, wer noch seine zweieinhalb Sinne beieinander hat, die Haute Cuisine. Was dort an durchgeknallten Kreationen kredenzt wird, lohnt in den seltensten Fällen den Verzehr und niemals die gründliche Drainage des Portemonnaies. „Rübe de Jus à la prute", spricht der blasierte Lakai und weist auf eine bulimische Zwergrunkel in brauner Tunke. Die Kate Moss unter den Hackfrüchten steht laut kalligrafischem Menügekrickel im Dialog mit champagnergeschwenktem Rotkohl aus der Vaucluse. Augenscheinlich ist damit das winzige Häuflein gemeint, das dem blutigen Stuhl einer angefahrenen Miezekatze ähnelt. Auch in der Cuisine à la plemplem gilt die eherne Regel, dass ohne Tierkadaver nix läuft in der gebührenpflichtigen Kundenspeisung. Darum gesellt sich zur leptosomen Rübe und dem Pumaschiss noch ein Nüsschen von der rumänischen Stubenziege, womöglich im eignen Mittelstrahlurin mariniert, wenn man dem Hautgoût Glauben schenken darf. Für satte 150 Schleifen steht die gediegene Winzigkeit auf dem Tisch, und wenn der Sommelier noch von seinen Alkoholvorräten was rausrückt, sind zwohundert Euronen schnell weggemümmelt. Doch wie sagte schon der Volksmund: „Der Magen isst mit", und der ist wenig „amused" über die karge Kalorienzufuhr im Gegenwert derer einer Essenmarke aus dem letzten Kriegswinter. Auch die geschmacklichen Sensationen übertreffen zwar die Ergebnisse aus der Maggi-Forschung, sind aber beileibe nicht so überragend, als dass sie das Getue der frankophonen Servierlümmel wert sind. Wie sooft in des Reichen Mannes Scheinwelt regiert dort der König ohne Kleider. Der artistischen Köchelei liegt ein fulminanter Irrtum zugrunde: Geschmackserlebnisse lassen sich nicht allein am Herd erzielen. Eine Leberwurststulle, nach achtstündiger Feldarbeit reingepfiffen, muss den Vergleich zur Terrine aus pochierten Wachtelföten nicht scheuen, wenn deren Fresser vorher seinen fetten Arsch keinen Zentimeter aus dem Bürosessel rausgewuchtet hat. Es ist immer der Dialog zwischen Speise und Speisennehmer, der über die geschmackliche Einzigartigkeit entscheidet. So schätze sich glücklich, wer noch an einer schlichten Quarkbemme seine Freude finden kann und nicht dem schmierigen Maître die Froschgrütze vom Teller lecken muss.

Nintendo Wii

Ich machs mir selbst an der Steckdose

Man sieht sie immer öfter: Kichernde Menschen mit einer Fernbedienung in der Hand hampeln vor der Glotze rum. Entfernt erinnern die Bewegungen an Kegeln oder Skifahren. Des Rätsels Lösung lauert in der angeschlossenen Nintendo-Konsole, diese wurde nämlich mit der Wii-Software geschwängert. Bewegt man statt wie im wirklichen Leben die Bowlingkugel nun die Fernknipse schwungvoll vor der Glotze rum, dann läuft dorten ein virtuelles Geschoss in Richtung Kegelpuppen. Der Anfänger schmeißt zwar den „Controler" genannten Knipsomaten oft noch tatsächlich in Richtung abgefilmter Kegel, doch schon bald hat man es raus, wie es geht, und ein Juchzen erfüllt den Raum der Wii-Sportler. Ein kleiner Schritt ist es jetzt nur noch, bis auch Mutti sich nicht mehr bücken muss am Wochenend, sondern Vattern direkt in die Konsole rammelt.

Erst neulich sah ich auf dem Trottoir einen Mann stöhnend sein i-Phone abrubbeln. Keine zwei Minuten dauerte es, und das Display färbte sich weiß. Na bitte, es geht doch. Wieder sind wir der virtuellen Hölle einen großen Schritt näher gekommen. Was müht sich auch das Jobcenter noch um die Eingliederung von Langzeitarbeitslosen? Stellt den Kaputten doch eine Nintendo-Konsole in die Schimmelbude, mit einer fest installierten Arbeitsplatzsoftware. So dürfen sie dann wie im echten Leben anno dunnemals im Akkord, diesmal allerdings den virtuellen Nippel durch die Lasche ziehen. Die flächendeckende Versorgung mit Wii-Konsolen entschärfte so manch gesellschaftliches Problem. Der Pädophile, der Mutterschänder, Mörder und Kannibalen, die ganze perverse Mischpoke dürfte ihr Steckenpferd vor der Glotze reiten, vielleicht gelänge es sogar dem Sodomiten, auf diesem Wege mal Lassie vor die Flinte zu kriegen. Dem Migrantenlümmel und sonstigen Jugendlichen stellt man auch die Konsole auf die Stube, damit er dort den Pixelgeronten vor die U-Bahn schubst und nicht den echten. Heute ist das alles noch lustig und ein hipper Freizeitspaß, doch wenn sich erst unser ganzes Leben in die Konsole verpisst hat, dann träumen wir von einem echten Schlag in die Fresse wie von einer frischen Erdbeere mit Sahne, vielleicht auch nur von dem guten alten versauten Geschlechtsverkehr. Wer weiß.

DER AKT

Ein Akt ist nicht immer nackt. Doch wenn, dann ists manchmal eine Person wie in der Malerei oder wenns derer zween sind, nennt sichs Ehe. Mit angezogenen Leuten kommt der Akt sogar dreimal hintereinander, dann nennt sichs Theater. Aber was rede ich, ein Akkordeon ist ja auch keine Arbeiterkolonne.

Teppichboden

Suppen-Fond für britische Speisezettel

Wie konserviert man den Gestank nach Katzenpisse, wie stülpt man dem kaltfurzigen Gemüffel der Einliegerwohnung eine Kopfnote Ammoniak über? Die Antwort ist längst gefunden. Man verlege großflächig Teppichboden. Im Gegensatz zum persischen Urahnen kann man diesen nämlich nicht zum Ausdünsten auf die Stange hängen oder ihm dort gar den Muff aus den Schlingen klopfen. Der Teppichboden ist mit dem Untergrund auf Jahre vermählt und vergisst nie, was auf ihm geschah. Er ist das Tagebuch der Wohnung, erinnert sich noch genau, wie der Hund einst das Feuchtfutter wieder hochwürfelte, behält auf ewig in seinen Fusseln aufbewahrt jenes Fleischsalatderivat, mit dem der Staubsauger vergeblich kämpfte. Der wiederum ist der Auslegeware größter Komplize, dient er doch nicht dem Säubern des Klebetextils, sondern wirbelt dessen Keime und Kotzeflocken nur turnusmäßig durch die Wohnung, auf dass alle was davon haben. Nach vollzogener Geräuschbehandlung steht noch stundenlang ein Hecht in der Wohnung, olfaktorisch angesiedelt im Irgendwo zwischen nassem Hund und Trockenpflaume. Kaum zu glauben, dass sich zivilisierte Europäer diesem Emissionsherd in der eigenen Wohnung freiwillig aussetzen. Wobei die Begriffe „zivilisiert" und „Europäer" nicht einzeln und schon gar nicht gemeinsam auf den Engländer zutreffen. Und siehe da, die Barbaren von der Insel, wir hatten es längst vermutet, sind auch die größten Verwender von Teppichböden. Wobei die angelsächsische Variante noch hochfloriger und grellmusteriger ist als das teutonische Gegenstück. Der Terrier und seine von ihm berittene Pferdefresse legen einfach überall Teppichboden aus, sogar und erst recht im Bathroom. Wenn Nigel dann um 5 nach 11 strunzenbreit aus dem Pub heimgetorkelt ist und den letzten Pint in die heimische Kloschlüssel retten will, pladdert dieser größtenteils schön daneben in die hellgrüne Auslegeware und bildet dort den reizenden Pisserand, den wir alle aus englischen Hotelbadezimmern kennen. Des Briten Liebe zur Schlingenware geht so weit, dass sogar auf seiner Theke kleine stinkige Perserbrückenimitate zur Auslage kommen. In ihnen sammeln sich die Ale-Reste der Woche und bilden ausgekocht den Fond zum beliebten Shepherds-Pie, den man dort zur labbrigen Alk-Schiffe zuerst in sich rein- und hernach auch gern wieder rauswürgt. Nach all dem geschilderten Ekel könnte man nun der Meinung sein, auf Parkett oder besser noch Beton lebe es sich weitaus gesünder als auf dem flachen Bakterienmutterschiff. Doch das täuscht. Tatsächlich empfiehlt es sich sogar für Allergiker, die Auslegeware dem harten Boden vorzuziehen. Denn vom Fußbodenvelours werden Milbenscheiße und Läusekotze nicht dauernd hochgewirbelt, sondern bleiben im Labyrinth der Schlingen aufbewahrt. Nur absaugen darf man den alten Rattenpelz eben nicht. „Tritt sich fest", wie wir Männer schon immer wussten.

Stylische Emotionen

Das Nichts kleidet sich in immer neue Namen

Ein begriffliches Nichts durch ein irgendwie englisch klingendes Wort aufzuplustern, gehört zu den normalen Kotzreiz hervorrufenden Ärgernissen des Alltags, siehe das Verb „voten"

für gebührenpflichtiges Anrufen bei Idiotenglücksspielen im Radio. Manchmal allerdings kreißt das kollektive Kleinhirn auch einen Neologismus, hinter dem sich bisher noch gar kein Begriff befand. „Stylisch" ist das Zauberwort, mit dem alles und nichts attributiert werden kann, das weder Gehalt noch Funktion besitzt. Die völlig überteuerte Bollerbuchse, die notdürftig den Vertikaleinschnitt in der Hinterfront bedeckt und aus Sicht des kultivierten Abendländers einfach nur beschissen aussieht, ist zum Beispiel „stylisch". „Vintage-Look" ist generell megastylisch und, jetzt wirds ganz bitter, weckt „Emotionen". Selten wurde heiße Luft so in Lettern gemeißelt wie hier. „Emotion", man beachte die untypische deutsche Aussprache, ist das entsprechende Gefühl, das entsteht, wenn gar kein Gefühl sich einstellen will. Die Altvorderen kannten noch mehrere Emotionen: Hass, Liebe, Eifersucht, Freude, Rache, heute gibts dagegen die „pure Emotion", weder Hass noch Liebe, weder Lachen noch Weinen. Elfmeterschießen beispielsweise weckt „pure Emotionen", früher war es einfach nur spannend. Joseph Goebbels hingegen, der wirklich „pure Emotionen" erweckt hat, im Irgendwo zwischen Hass und Begeisterung, war nur ein Demagoge und mit der viel zu eng sitzenden Jacke auch überhaupt nicht stylisch. Im Irrgarten der schicken Begriffe verliert man allzu leicht die Orientierung.
Wo wir schon mal dabei sind, die SS-Uniform, ist die eigentlich stylisch oder pure Emotion? Nichts von beiden, fürchte ich, denn sie steht ja für eine Haltung, wenn auch mörderische. Nur wenn das blanke Nichts, die komplett hohle Scheiße Gestalt erlangt, dann sind „Emotionen" angesagt. Bei neuen, völlig überflüssigen Gelände- und Sportwagen zum Beispiel oder wenn ein vorher abgekasperter Sieger aus dem Schrei- und Hampelwett-

bewerb „Deutschland sucht den Dingenskirchen“ tatsächlich als Sieger hervorgeht, ja, dann schwappt die Emotion schon in den puren Aggregatzustand. Noch gar nicht lang ist es her, da musste man, vor allem als Mann, Emotionen dauernd „zulassen“, heute kann man sich ihrer kaum noch erwehren. Sogar im SPD-Ortsverein darf man nicht mehr sicher sein, dass die angenehm selbstzerfleischende Schwermut in „pure Emotion“ umkippt. Wohin soll das alles noch führen!?

Tierfreier Nichtraucherhaushalt

Verkaufe Lattenrost aus spermafreier Nichtpopperehe

Ein Gespenst geht um in Deutschland, der „tierfreie Nichtraucherhaushalt“. In des schlichten Bürgers liebstem Verlautbarungsorgan, der Kleinanzeige, trifft man nur noch auf Angebote, die aus angeblich jenem mysteriösen Ort stammen. „Biete altes Nachtgeschirr aus tierfreiem Nichtraucherhaushalt“, las ich neulich und musste mich doch wundern, dass den eventuellen Nikotinablagerungen oder Katzenhaaren größere Bedeutung beigemessen wurde als eventuellen Kotschlierenresten von Oma selig. Begierig stöberte ich weiter durch den Kleinanzeigenteil der Postille, in der Hoffnung, sogar niedliche Hundewelpen aus tierfreiem Haushalt zu entdecken. Doch Fehlanzeige. Also ging es weiter zur Single-Börse, dort gehört der Nichtraucher ja schon zu den Basics der GV-Interessierten, doch wie steht es mit der Fusselfreiheit seiner Heimstatt, ist das schon Thema oder erst in der Rubrik „Katzenhaarallergikerin sucht Nacktmulch“? Die Tierfreiheit als Verkaufsargument hat ihren Ursprung in der Wohnmobilanzeige. Wer schon jemals das Vergnügen eines längeren Aufenthaltes in einer dieser Plastikkisten hatte, in der sich Pudelsabber und Teppichboden auf ewig vermählten, kann das nachvollziehen. Was aber, wenn Möbel, Autos, Kleidung, Spielzeug, einfach alles, was es anzupreisen gilt, nur noch aus tierfreien Nichtraucherhaushalten stammt? Dann braucht es ein neues Asketensiegel als Verkaufsargument: „Toilettenumrandung aus männerfreiem Sitzpisserhaushalt.“ Dem könnte man ja noch was abgewinnen, aber wie ist es mit dem blutleeren Veganerhaushalt, der frauenfreien Onanistengruppe, dem katzenlosen Hundehalter und dem nichtrauchenden Büstenhalter? Wollen wir das alles wissen, von jemandem, dem wir nur ein paar gebrauchte Winterreifen abkaufen? Und wollen wir uns derart bloßstellen müssen, wenn wir lediglich ein winziges Inserat aufgeben möchten: „Hallo, ich bin ca. 42 Jahre, 150 Kilo schwer, Nichtraucher, habe keine Katze, und meine Hobbys sind schmutziger Sex mit Papiertüchern und Fliegen die Hinterbeine rausreißen. Hiermit biete ich meine gebrauchte Stereoanlage an für Geld.“

Die Kleinanzeige wird zum Striptease, und gekauft wird nur noch von Gleichgesinnten, heute erst von tierfreien Nichtrauchern, doch wer weiß, wohin es uns noch treibt. „National gesinnter Deutscher von Geburt verkauft kaputten Kassettenrekorder.“ Na, wenn es so ist, da machts dann auch nix, wenn die Gurke nicht mehr läuft, oder.

DER ALLTAG

Damals, zur Zeit der Schöpfung, war der Alltag noch die kreativste Phase der Woche, jeden Tag hatte Gott eine witzige Idee, gestern die Geburtshelferkröte, heute den Menschen. Ja, Gott hatte gut lachen, er musste ja auch nicht alle Nase lang ins Meeting.

Fußgänger

Einfach nur gehen geht gar nicht

Wer latscht denn da durch Sturm und Wind? Das ist ein Fußgänger, mein liebes Kind. So wird in wenigen Jahren ein Vater seinem Nachwuchs die aussterbende Spezies erklären müssen. Zur Überbrückung größerer Distanzen nutzt der Ökostinker den Pkw, der Pflanzenversteher greift auf den Öffi zurück. In der Freizeit, also dem sinnfreien Oszillieren zwischen den Orten muss es schon ein Rollbrett unter den Sohlen sein oder ein Satz Turbogleiter. Wer dennoch auf Schusters Rappen unterwegs ist, stelzt einem Paar Schlaufenknüppeln hinterdrein. Bloß nicht aussehen wie ein ganz normaler Fußgänger. Das Gehen über Land wird gleich zum Pilgern, das Stromern durch die trostlose Einkaufszone zum Flanieren hochgejazzt. Nur nicht ganz normal zu Fuß irgendwo hingehen. Das macht man einfach nicht. Dabei ist „Gehen" doch sogar eine olympische Disziplin. Deren Vertreter bewegen sich allerdings fort, als hätte man ihnen ein Zwei-Euro-Stück in die Arschritze geklemmt, und wenn es rausfällt, gibt es Haue vom Trainer. Wer abseits absurder Sportarten längere Strecken zu Fuß geht, ist ein Spinner, ein komischer Kauz. Zu Fuß geht man bestenfalls ins Parkhaus, von der Bushaltestelle zum Frisör, hackebreit aus der Kneipe nach Hause oder, wenn man überfallen werden will, im Park. Fußgängerinnen werden vergewaltigt, andere von Straßenbahnen übergemöllert, vom Bullenfänger großer Geländewagen gevierteilt, sie verkeilen sich zwischen Unterfahrschutz und Teerdecke, wenn der Brummi beim Linksabbiegen patzt. Fußgänger sein, heißt zu allererst Opfer sein. Man hat die Bilder aus „Aktenzeichen XY" noch vor Augen: Ein Mann, eine Frau nächtens auf dem Trottoir, kommt von hinten ein vermummter Jugoslawe, peng, gibt es einen übern Wirsing, beide mausetot. Und weil diese Angst ganz tief in allen wohnt, pesen sie mit Inlineskatern durch den Park oder tragen zwei Speere mit sich rum. Fußgänger haben K.o.-Spray in ihren Manteltaschen, um sich gegen das Böse zu wappnen. Laufen sie auf einsamen Landstraßen herum, haben keine Stöcker in den Händen, tragen kein Marschgepäck, dann werden sie argwöhnisch beäugt aus den vorbeihuschenden Fahrgastzellen. Jetzt bloß nicht anhalten, denn wer geht schon zu Fuß an einer Bundesstraße entlang? Landstreicher, entflohene Sträflinge, das kennt man doch alles vom Film. Darum hüte sich, wer einen Fußgänger abseits der Siedlungen trifft. Am besten sicherheitshalber übermöllern. Wer allerdings überleben will da draußen in der ältesten Fortbewegungsart des Menschen, dem kann ich nur zur eigenen Sicherheit empfehlen, stets einen leeren Fünf-Liter-Benzinkanister deutlich sichtbar am langen Arm zu führen.

Der Tod

Arschgeigen, wollt ihr ewig leben? JA!

„Plötzlich und unerwartet" kommt er immer noch, der Tod, in der Sterbe-Folklore der Anzeigen. Doch ahnen längst die meisten Menschen unserer Zeit, dass irgendwann Schluss ist. Das war nicht immer so. Jahrtausendelang log sich der Homo sapiens über seine eigene Endlichkeit die Hucke voll. Er balsamierte die Leiche, gab ihr was zu futtern mit ins Grab, ließ lebende Katzen und Frauen mitverbuddeln, damit Stimmung ist im

Jenseits. Besonders die Vorstellung von einer mit mopsfidelen Untoten gefüllten Parallelwelt half den Menschen vergangener Tage, ihre eigene Endlichkeit zu verwinden. Heute glauben nur noch extrem bornierte Zeitgenossen an ein Weiterleben nach dem Exitus, und somit bekommt das irdische Verweilen einen anderen Stellenwert. Es ist nicht mehr die Vorsuppe für die Hauptmahlzeit im Himmel, nicht mehr Bewährungsprobe für irgendetwas danach, sondern es ist alles, was wir haben. Was schert uns darum der Klimawandel, Halbwertzeit, wo ist dein Stachel, wenn wir ohnehin vorher den Löffel abgeben müssen? Den eignen Nullpunkt mit dem auf seinem Girokonto zu synchronisieren, das ist die moderne Ars vivendi, oder für DSF-Zuschauer formuliert: Mit nix, was übrig is, die Kimme zukneifen. Alles vorher verfressen und versaufen und nach mir die Sintis oder meinetwegen auch gar nix. Wie jeglicher zynischen Sicht der Dinge, wohnt auch dieser ein gehörig Quäntchen Wahrheit inne. Wozu sich aufregen über den Wählerschwund der SPD, Apfelsinen am Nordpol, ist doch alles egal im Angesicht des eignen Arschzukniffs in Bälde. Nun kommts aber! Der Mensch wäre nicht das arroganteste Geschöpf Gottes, würde er sich so einfach mit dem Tod versöhnen. Wenn er nun schon nicht vermeidbar ist, es nach dem Abgekratze nun doch nicht weitergeht, ja dann will der Mensch zumindest den Termin bestimmen, ätsch. Denn der Tod findet ja dummerweise zu Lebzeiten statt, mithin noch so gerade im Terminkalender. Und dessen Herr bin doch wohl immer noch ich. Die neue Religion der Todesüberwindung ist nicht mehr die Wiederauferstehung oder so was, sondern die Bestimmung des eignen Ground Zero. Ganz egal, ob durch Todesmaschine, Sterbecocktail oder Plastiktüte übern Kopp – nicht dass es sie geben wird, macht die Sterbehilfe zum Politikum, sondern die damit verbundene Bestimmung des Zeitpunktes. Schon bald kann man sich aus dem Netz seinen eigenen Todeszeit-Optimierer runterladen, um exakt auf der Kippe von Lebenslust- und Verdruss, selbst den Knopf zu drücken. „Plötzlich und genau berechnet“ steht dann in den Anzeigen.

Simplify your life

Säg ein Bein ab und kleb ein Auge zu

„Verarschen kann ich mich selber“, hätte man früher gesagt, wäre einem jemand gekommen mit dem Ratschlag „Simplify your life“. Sehr witzig! Die 22-stelligen Kontonummern sind mittlerweile eingeführt – als Mutprobe zum simplifien des eigenen Lifes empfehle ich da, „Fick dich selbst“ quer auf den Überweisungsträger zu krickeln. Mal sehen, was passiert. Entdecke ich dadurch meinen inneren Frieden, wie versprochen, oder vielleicht auch nur das Geheimnis der Gelassenheit, wenn die Mahnbescheide eintrudeln. Der Markt für Patentrezepte gelungener Lebensführung wächst proportional zu ihrer Nichtdurchführbarkeit. „Befreie dich vom Gerümpel“, klingt wie nackter Hohn in einer Welt, in der man Tankquittungen zehn Jahre aufheben muss. Andererseits ist auch unser ganz privates Dasein ein Stapeln der gelebten Jahre, manifestiert in tausend Erinnerungsstücken. Das alte Lesebuch, die Fotos der Großeltern, Spielzeug, eine Tasse mit abgebrochenem Henkel – für andere ist das tatsächlich nur Gerümpel, für uns sind es Brückenköpfe in das Land der Erinnerung. Warum sollten wir das alles wegwerfen? Um als sprechender Verdauungstrakt im Hier und Jetzt rumzugrinsen? Haben wir nicht als Kinder im Trödel unserer Eltern die ersten Entdeckungsreisen in die Vergangenheit unternommen? Man muss kein Messie sein, wenn man sich von vielen Dingen nicht trennen mag. Wer sein Leben zu sehr simplified, bleibt auch als Simpel zurück. Im besten Falle. Viel häufiger wird er wohl zu einem Ego-Arschloch, wie es solcher Art Lebensrezpete hervorbringen. „Entdecken Sie die Kunst, wieder ineffizient zu sein!", empfiehlt Pfarrer Werner Tiki Küstenmacher in seiner Propagandaschrift für das einfache Leben. Ich kann nur hoffen, dass kein Ingenieur in einem Atomkraftwerk Werner Tikis Ratschlag ernst nimmt, sonst wird unser aller Leben wohl auf einen Schlag extrem gesimplified. Aber auch im ganz normalen Alltag möchten wir nicht wirklich solchen Typen begegnen, die auf unsere Kosten ihre „Lebensfreude optimieren". „Entschlacken", „Entkrampfen", „Entschleunigen", das sind die Vokabeln der Egozentriker, der frühpensionierten Beamten. Es sind Wörter aus dem Leben von Volker und Inge, die sich im Wohnmobil durch Europa treiben lassen, während Jüngere zu Hause ihr Konto füllen. „Simplify your life", ist die neue Religion der Trantüten, es ist die Angst vor der Wildnis da draußen. Doch der Löwe ist nicht weg, wenn man die Augen schließt.

Fehlgeschlagene Image-Kampagne des Deutschen Bauernverbandes.

Neue Namen

Das Modell Deutschland heißt jetzt Germanys-next-Flopmodel

Es war einmal ein kleines Auto, das nannte sich KDF-Wagen. Weil das nach '45 aber blöd klang, trug auch die Stadt drumherum fortan den Namen Wolfsburg. Drüben auf der anderen Seite hieß die Zonengrenze antifaschistischer Schutzwall und Chemnitz schon bald Karl-Marx-Stadt, das aber nur vierzig Jahre lang. Heute heißt sogar Wilhelm-Pieck-Stadt Guben wieder Rostbeula und Minol nicht mehr Elf, sondern Total. Dafür tankt man im Westen bei BP nur noch Aral und seit der Ölpest mit der EXXON Valdez nennt sich deren Sprit wieder Esso. Bei Mannesmann guckte nicht Vodaphone in die Röhre, sondern Mannesmann selber und ward nicht mehr gesehen. Wer weiß noch wie O2 früher hieß? VIAG Intercom! Und Evonic Industries? Das war mal die Ruhrkohle AG. Am Wettlauf um den beklopptesten Namen aller Zeiten nehmen auch noch teil: Sanofi Aventis, den frisch Entnazifizierten noch als IG Farben bekannt, Arcandor früher Karstadt-Quelle und e.on, was ehemals Preussen Elektra, Bayernwerk und so weiter hieß.
Als das Telefon noch funktionierte, riefen wir den Fernmeldedienst der Bundespost an, und er kam sogar. Heute radelt er lieber im lila Leibchen zum Drogendealer und nennt sich T-Com. Matsushita erkannte schon sehr früh, dass mit allzu fernöstlichen Namen im Westen kein Staat zu machen ist, und nannte sich um in Panasonic. Datsun heißt heute deshalb auch Nissan und selbst Daewoo hat aufgegeben und versucht es heute unter Chevrolet. Warum die Varta-Batterie allerdings Johnson Controls heißt, weiß ich nicht, aber Ratzinger heißt ja auch jetzt Benedikt und Zaire wieder Kongo, was solls also, alles fließt. Die

Eskimos wollen, dass man sie Inuit nennt, die Zigeunerschnitzel heißen Schokokuss, und wer „Neger“ sagt, ist ein Frauenfeind. Seitdem der Kosovo nicht mehr mitmacht, heißt Serbien nicht mehr Restjugoslawien, sondern Die Republik Jugoslawien ist jetzt Rest-Serbien. Birma ist Myanmar, Bombay ist Mumbai und Obervolta schon sehr lange Burkina Faso, Burkini ohne Faso ist das religiöse Ganzkörperkondom, wenn man damit ins Wasser schreitet. Die SED heißt auch nicht mehr PDS, sondern Aktion Sorgenkind, nein, die gibt es ja auch schon nicht mehr. Ich weiß bald nicht mehr ein noch aus. Mit Dietmar Wischmeyer ist auch nun Schluss, mein Name ist jetzt Johannes Paul der Dritte oder The Artist Formerly Known As Nobody.

WISCHMEYER AUF TONTRÄGER

Doppel-CD: Das Paradies der Bekloppten und Bescheuerten Livemitschnitt des Tourneeprogramms 2000/2001.

Doppel-CD: Die Bekloppten und Bescheuerten. Eine Lesung aus dem deutschen Alltag. Livemitschnitt des Programms 2003/2004.

Doppel-CD: Die Bekloppten und die Bescheuerten. Eine Lesung. Livemitschnitt des Tourneeprogramms 2005.

Doppel-CD: Wischmeyer. Die bekloppte Republik. Eine Lesung. Livemitschnitt des Tournee-Programms 2008.

Alle von Dietmar Wischmeyer erschienenen CDs und Bücher gibt es im gut sortierten Fachhandel und bei www.fsr.de. Alle Tourneetermine finden Sie unter www.wischmeyer.de sowie aktuelle Radiobeträge im Download-Shop www.fsr-shop.de.